Competitividad Mediante PRL

CMPRL_

ALBERTO RESINO

ISBN-13: 978-1522802020
ISBN-10: 1522802029

A mi padre,

de quien hasta ahora no supe aprender suficiente.

Su ejemplo me mueve.

ÍNDICE

AGRADECIMIENTOS

Los datos y muchas de las ideas que aparecen en este libro se deben a otras personas: a quienes hemos leído, con quienes he trabajado, con quienes he conversado, a quienes he impartido formación... las organizaciones en las que he trabajado y aquellas con las que he colaborado. De todos ellos he aprendido.

Joseph O'Connor me insufló la inspiración que motivó el atrevimiento de escribir.

A Bartolomé Rivas Castro, *rara avis*, agradezco especialmente su constante patrocinio; los valores que cimentan su humanidad son encomiables.

Cualquier listado de influencias específicas sería incompleto e injusto. No obstante, la bibliografía que figura al final de este libro puede servir como referencia de las numerosas ideas y teorías que se conjugan.
A todos ellos mi más sincero agradecimiento. Mi trabajo ha consistido sólo en compendiar estos conocimientos y darles forma, de manera que puedan servir como referencia para mejorar la calidad de vida de las personas.

En esta tarea ha sido indispensable la ayuda de los lectores del manuscrito original. Deseo agradecerles su valioso tiempo y atención desinteresada. Ellos han sido quienes han encontrado las elipsis y errores que hacían difícil la comprensión del texto, quienes han aportado ideas que han facilitado su estructura y contenido actuales y quienes en definitiva han hecho posible que tú, lector, disfrutes con él.: gracias enorgullecidas a mi padre, Julio Resino Basabe. Gracias a Juan Uriol Batuecas, Maribel Sánchez, Alberto Crespo López. Y gracias también a Alberto López González, por su minuciosa dedicación, sus enriquecedores comentarios y su mimo en la lectura; la amistad no tiene precio..

DE QUÉ TRATA EL LIBRO Y CÓMO LEERLO

En las últimas décadas se ha desarrollado una enorme cantidad de conocimiento acerca de qué es lo que hace que unas organizaciones fracasen mientras otras persisten. Las conclusiones apuntan a que son cuestiones que tienen que ver con el conocimiento y su transmisión, que son en su esencia procesos de comunicación. Durante este mismo tiempo ha cambiado la gestión de las organizaciones, movida por las demandas de los consumidores. Y además se han desarrollado otros ámbitos de conocimiento que explican cómo funciona nuestro mundo y de qué manera podemos actuar para lograr los resultados que deseamos. En general, podríamos decir que se refieren a mejorar, aprender, relacionarse o comunicar, y que tienen en común las relaciones de acción-reacción, causa-efecto o estímulo-respuesta típicas de cualquier ecosistema.

Los distintos modelos y teorías que exponemos, son en realidad fruto del estudio de la misma cuestión desde perspectivas distintas. Como en un fractal, obtenemos distintas imágenes dependiendo de la distancia que tomemos, del ángulo desde el que observemos o de dónde pongamos el foco, aunque todas ellas corresponden a la misma cosa y todas ellas reproducen el mismo patrón que lo explica.

1 Estructura fractal en una verdura (romescu)

1

Así, todo este conocimiento tiene puntos en común cuya comprensión es útil para conocer mejor nuestra realidad y de esta manera poder elegir las acciones que más nos convengan.

En este libro explicamos una posible estrategia para mejorar eficientemente la competitividad de las organizaciones. Decimos eficientemente porque proponemos aprovechar ciertas obligaciones legales en materia de prevención de riesgos laborales (PRL) (integración, formación) como punto de palanca para lograr un avance con el menor esfuerzo, de forma que con una inversión mínima se puede mejorar la eficacia de otros elementos e inversiones que ya realiza la organización y además se puede mejorar también su desempeño.

Algunas de las preguntas que tratamos de responder son, ¿cómo puede la PRL generar más ingresos?, ¿y reducir los costes?, ¿e impactar en los márgenes y la satisfacción del cliente?, ¿y mejorar el clima laboral? Este potencial se produce como consecuencia de la mejora del desempeño provocado por una mejora en las personas y en los equipos de las competencias blandas que determinan el éxito, a través de un cambio de estrategia en los programas de formación que se imparten en las organizaciones.

Debemos rencuadrar la gestión de la Seguridad y Salud en el Trabajo (SST) y hacerla de la misma manera que se invierte en I+D+i, es decir, investigando nuevas aplicaciones para abrir nuevas prácticas que en el medio plazo deberían convertirse en motores de competitividad para las organizaciones. Y para que sea creíble tiene que ser medido objetivamente, y demostrado y recompensado. Este es un tema tanto de las grandes organizaciones como de las medianas y pequeñas, y está relacionado con el comportamiento de los individuos a lo largo y ancho de la organización.

Los argumentos que sostienen nuestra tesis proceden de ámbitos de conocimiento que aunque tradicionalmente se han atendido separadamente son en realidad complementarios. Tanto es así que podemos decir que son distintas caras de la misma moneda porque explican desde distintas percepciones la misma realidad.

A lo largo de las siguientes páginas se aborda cómo superar los obstáculos que encuentran las organizaciones en el contexto globalizado donde operan, sacando al mismo tiempo más partido a los esfuerzos que ya realizan. El libro está estructurado en dos partes. En la primera se contextualiza la situación y se explica qué es lo que sucede, ofreciendo además breves síntesis de los conocimientos científicos que sustentan estas razones. En la segunda se explica cómo se puede, con el menor esfuerzo, cambiar lo que sucede; a través de una propuesta integradora que permite cambiar la actitud de las personas para lograr un trabajo más sano y saludable, así como para medir objetivamente los logros alcanzados en términos de desempeño.

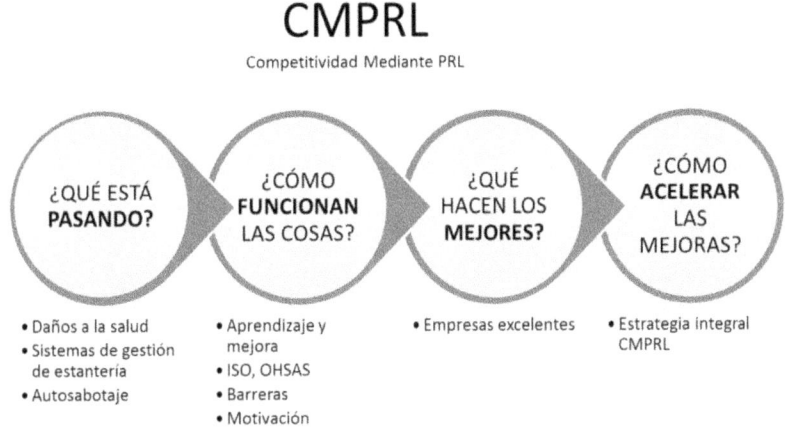

CMPRL
Competitividad Mediante PRL

¿QUÉ ESTÁ PASANDO?	¿CÓMO FUNCIONAN LAS COSAS?	¿QUÉ HACEN LOS MEJORES?	¿CÓMO ACELERAR LAS MEJORAS?
• Daños a la salud • Sistemas de gestión de estantería • Autosabotaje	• Aprendizaje y mejora • ISO, OHSAS • Barreras • Motivación	• Empresas excelentes	• Estrategia integral CMPRL

En la primera parte, "La situación actual" explicamos las evidencias que justifican nuestra propuesta. Exploramos la situación actual de las organizaciones, los obstáculos que hay en su camino al éxito y los recursos que tenemos al alcance para mejorar su competitividad, así como la forma en que se relacionan unos y otros.

En la segunda parte, "La oportunidad", exponemos cómo se puede realizar una intervención estratégica que mejorará la competitividad, aunando al mismo tiempo objetivos de resultados de la organización, de mejora de la salud de las personas y de cumplimiento de legislación preventiva.

A través del análisis de una variedad de disciplinas (biología, antropología, gestión de organizaciones, liderazgo, coaching, programación neurolingüística, seguridad y salud laborales, pensamiento sistémico, comportamiento organizacional, formación, desarrollo del talento, evaluación del desempeño,...) hemos encontrado elementos comunes que se relacionan coherentemente y explican una visión integradora y sistémica de las organizaciones en su contexto. Esta conjunción de causas y consecuencias justifica una intervención estratégica para mejorar las organizaciones abordando los principales elementos de cohesión. Por eso hemos insertado en ambas partes ciertas explicaciones más académicas, que sintetizan las principales bases que sostienen las ideas y propuestas que previamente aparecen en los respectivos los capítulos en los que se encuentran. Estos insertos enmarcados sobre fondo gris no son imprescindibles para la lectura del libro, aunque sí pueden ayudar a su mejor comprensión.

Ahora, sólo tú puedes decidir, como demuestran las evidencias, que es importante y cuándo aplicarlo y CMPRL te proporcionará la estrategia para que elijas integrar la PRL con eficiencia y éxito.

	MODELOS DESCRIPTIVOS			TÉCNICAS Y HERRAMIENTAS	
BARRERAS ORGANIZACIONALES	COMPORTAMIENTO SISTEMICO	APRENDIZAJE ORGANIZACIONAL	MEJORA CONTINUA	COACHING	PNL
Programa maestro de dirección	Sistema con aprendizaje simple: modelo mental I	Pensar –conceptualización-	P –planificar-	Objetivos Valores	Mapa del mundo I
Programa maestro de acción I –incoherente- Acción I –incoherente-	Realimentación de refuerzo	Hacer I –aplicación I-	D –hacer-	Reflexionar y actuar.	Estructura profunda Estructura superficial
Intervención para el aprendizaje y la acción	Punto de palanca, realimentación de compensación	Sentir, observar y comunicar-inmersión, reflexión, contextualización, recategorización-	C –comprobar-	Identificar obstáculos y Recursos.	Metamodelo Metaprogramas Línea del tiempo Posiciones perceptivas Niveles lógicos
Programa maestro de acción II y Acción II –coherentes-	Sistema modificado con aprendizaje doble: modelo mental II con realimentación de compensación	Hacer II –aplicación II	A –actuar-	Plan de acción	Mapa del mundo II

2 Relación entre los modelos descriptivos y las técnicas y herramientas de acción para superar mejorar la competitividad superando las barreras organizacionales de aprendizaje

INTRODUCCIÓN

Hay mucha gente que tiene todas sus necesidades cubiertas para el resto de sus días y aun así han decidido trabajar en alguna organización, invirtiendo su tiempo, su esfuerzo y su energía. Algunos son ricos herederos, otros se han hecho a sí mismos, y sin embargo trabajan desarrollando ideas, proyectos y actividades y esto les proporciona felicidad. Así que podemos pensar que no es el trabajo, sino el puesto de trabajo lo que a veces hace infelices a algunas personas. Para alcanzar esta felicidad se conjugan dos cuestiones: por un lado qué es lo que hacemos y por otro lado cómo experimentamos lo que hacemos.

Es cierto que las condiciones de trabajo pueden condicionar nuestra experiencia, como también lo es que aún en los casos en los que las condiciones de trabajo son las deseadas podemos estar insatisfechos, ser infelices; y como entonces utilizamos gran parte de nuestra energía mental en combatir el estrés, la angustia y el malestar, una presión excesiva sobre el resultado del trabajo tendrá efectos contraproducentes, afectando a nuestra salud y también a nuestro desempeño. En cambio todos conocemos personas que son felices con poco, con mucho menos de lo que la mayoría de nosotros nos conformaríamos.

Esto demuestra que el control sobre cómo nos sentimos frente a los sucesos que experimentamos está totalmente en nuestras manos. Cuando verdaderamente aceptamos las situaciones que vivimos y escogemos responsabilizarnos de nuestros pensamientos y de las acciones que se derivan de ellos, entonces nos adueñamos de nuestra felicidad y eso nos proporcionará la energía y motivación para iniciar los cambios que deseamos.

Es decir, que la organización mejore el contexto en el que se desarrolla el trabajo -las condiciones laborales- puede mejorar con gran probabilidad nuestra felicidad y rendimiento, aunque para alcanzar altas cuotas de felicidad y competitividad es además imprescindible que las personas elijan ser felices. Y para poder elegir hay que tener opciones, así que podemos ayudar a las personas a que tengan alternativas de pensamientos: podemos ayudar a que las personas sean conscientes de cómo piensan y a que encuentren otras opciones de pensamiento que les acerque una mayor felicidad y a la organización a una mayor competitividad.

Además resulta que cada persona es distinta de cualquier otra, así que los modelos de formación tradicionales resultan poco eficaces porque al desatender la individualidad desaprovechan parte del potencial generando en ocasiones resistencias que lastran el avance de la organización como rémoras. Así que en lugar de que alguien venga a decirnos lo que tenemos que hacer, es más útil que cada cual descubra por sí mismo cuáles son los pensamientos, emociones y comportamientos que tiene y que pasan desapercibidos para él. Y es que uno sólo puede controlar lo que conoce mientras que lo desconocido con frecuencia lo controla a él. Despertar la consciencia y apropiarse de los pensamientos es imprescindible para luego responsabilizarse de los propios actos.

El modelo de organización altamente jerarquizada con un concepto de autoridad basado en instrucción-sumisión está cambiando hacia un modelo más participativo en el que la autoridad se demuestra por la capacidad de seducción en un juego de comunicación-participación.

En este nuevo contexto se espera de los dirigentes de las organizaciones que sean capaces de coordinar y dirigir los equipos humanos de los que son responsables, en coordinación con sus pares de otras áreas de la organización para potenciar su desempeño y ser más competitivos.

Además, la situación actual se caracteriza por rápidos cambios promovidos por la competencia global. El aumento de la incidencia de los trastornos psicológicos y musculoesqueléticos en las organizaciones son evidencias del deterioro de la salud de las personas que se está produciendo como respuesta a los cambios, y llevan a una merma de la competitividad. Se ha producido un ciclo en el que la competitividad merma la salud de las personas y esto merma a su vez la competitividad.

¿Qué está pasando?

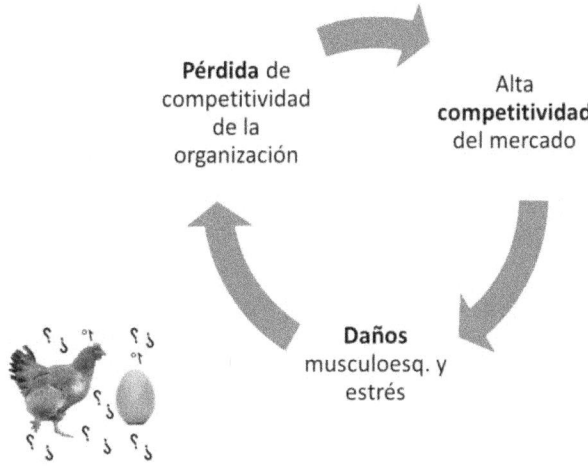

En consecuencia, la competitividad mejorará cuando la organización practique una comunicación capaz de detectar e informar de los cambios efectivamente, en una cultura que promueva la mejora continua de las competencias de las personas para que la organización se adapte a los cambio. Esta cultura ha de ser promovida por unos dirigentes que asienten su gestión en el desarrollo de las personas y sus relaciones, contextualizando éstas en los paradigmas actuales donde la felicidad, el bienestar y la salud de las personas son la clave de su compromiso y su productividad.

Y aunque la solución está a su alcance no todas las empresas sobrevivirán, sólo las más inteligentes. Sólo algunas organizaciones transformarán este ciclo vicioso en un ciclo virtuoso. No todas las organizaciones perdurarán, de la misma forma que no todos los seres vivos demuestran el mismo éxito evolutivo.

Algunos seres vivos consiguen sobrevivir y otros no. Su capacidad para perpetuarse depende de la habilidad para intercambiar estímulos, responder a ellos y adaptarse al entorno. Y cada ser vivo interactúa con su entorno de una manera particular, incluso cada parte del ser vivo interactúa de una forma aún más específica para lograr la supervivencia, aunque integrada y coherente con aquella. Además, un ser vivo es inteligente cuando tiene la consciencia necesaria para poner en práctica la respuesta necesaria en cada ocasión. Así que podemos saber cuán inteligente es un ser vivo observando el grado en que sus acciones le acercan o le alejan de la perpetuación de su estirpe; esto en la práctica supone que ciertas partes del ser vivo deben comportarse de forma altruista para mayor beneficio de las partes mayores en las que se integran porque en última instancia esto justifica y permite su existencia. Para que sea posible que ciertas partes del organismo se perjudiquen a sí mismas en aras de un bien mayor hace falta, bien la consciencia de esta circunstancia o bien que el comportamiento sea automático; y el automatismo se consigue con la repetición consciente. En definitiva, la perpetuación de los seres vivos depende de que tengan un comportamiento adaptativo perpetuador basado en la solidaridad de las partes para con el todo, y que éste está determinado por la consciencia, es decir, por la habilidad para intercambiar información, y por la salud de los sistemas, órganos y células que lo conforman, tal como explicamos a continuación.

Durante la evolución de las especies a lo largo de los tiempos algunas han desarrollado organizaciones supraindividuales y las de mayor éxito evolutivo en la historia del planeta reproducen los mismos patrones en su organización social. Este es un patrón de comportamiento que se repite como un fractal: pequeños elementos de un sistema necesitan comunicarse adecuadamente con su entorno y responder con cierto altruismo, prefiriendo la mejora del sistema antes que la suya propia, para adaptarse a los cambios y pervivir; a su vez, este sistema necesita comunicarse con otro sistema mayor al que pertenece para responder a los cambios y perpetuarse; y así sucesivamente. Y la comunicación y respuesta serán más exitosas cuanto menos dañados están los elementos implicados en ellas, es decir es necesario que cada célula, órgano y sistema se encuentre en buen estado porque la capacidad de adaptación, supervivencia y perpetuación de este ser vivo se sustenta en su estado de salud. Imaginemos por un momento qué expectativas de vida y progenie tendrá un león que cuya vista, olfato u oído sean deficientes; ¿cómo afectará eso a su capacidad de cazar? Y si por este motivo se debilita, ¿cómo afecta esta debilidad a su expectativa de vida?, y además, ¿cómo afectan ambas cosas –dificultad de recibir información y decaimiento físico- a sus posibilidades de reproducción?

Como si fuera en una película bélica, el éxito de la operación depende de que se reciba y transmita adecuadamente la información de campo hasta los centros de toma de decisión, para que éstos establezcan la estrategia más adecuada y la comuniquen para que se produzca la acción. Y para eso el equipo de comunicaciones debe funcionar correctamente, sin averías ni interferencias. Estos patrones también se aplican a las personas y a las organizaciones de personas. Las personas son una expresión de la organización celular.

En realidad las organizaciones son una expresión de la organización de las personas. En consecuencia, podemos considerar las organizaciones como un ser vivo. Las personas se agrupan en equipos y se distribuyen en áreas funcionales, de la misma forma que las células se agrupan en órganos (músculo, ojo, cerebro…) y se distribuyen en sistemas (locomotor, nervioso…). De forma análoga las organizaciones disponen de una cultura particular y también de las subculturas de las distintas áreas organizacionales que deben estar en armonía con la primera al servicio de un bien común para que la organización pueda adaptarse a los cambios de su entorno y perpetuarse. La inteligencia de una organización está en el nivel de consciencia y esto lo podemos identificar a través de sus acciones, evaluando en qué grado contribuyen a la pervivencia de la organización.

Así que podemos concluir que el éxito de una organización depende de que sea suficientemente consciente de los cambios de su entorno y de qué hace luego para adaptarse a ellos, lo que está a su vez determinado por la eficacia de su comunicación y ésta a su vez por el buen funcionamiento de sus sistemas de comunicación y de los elementos que los componen.

Así pues, los cambios en el entorno afectan a la organización por tanto en mayor o menor medida también a cada uno de sus elementos, puesto que están relacionados entre sí en más o menos directamente. Así que es fundamental detectar estos cambios, y para ello hace falta que la comunicación interna sea eficaz lo que supone que esté preparada para detectarlos (sensibilidad), sea capaz de comunicarlos (competencia y procedimientos y estructura) y quiera comunicarlos (cultura y clima organizacional). Por todo esto, invertir en una estrategia que mejore los procesos de comunicación, aprendizaje y cualificación profesional en la organización, es una buena decisión, porque mejorará la salud de las personas, la salud de la organización y su competitividad.

Pensamiento sistémico

Para establecer diagnósticos y facilitar la toma de decisiones es necesario ver las situaciones y las experiencias como un todo. Para ello tenemos que tener una visión lo suficientemente amplia para dar un paso atrás y observar el patrón que forman o para construir el todo desde muchos ángulos diferentes. Entonces es posible establecer otra relación con la situación y esta relación diferente aporta otra valoración nueva. Es difícil cambiar el sistema sólo desde dentro adoptando únicamente el punto de vista subjetivo; hay que ver el conjunto desde fuera para valorar si nuestras acciones están teniendo el efecto deseado. Igualmente La visión objetiva es también insuficiente por sí sola, porque no tiene en cuenta el significado individual y los problemas para las persona afectadas. Por esta razón muchas políticas diseñadas con la mejor intención para obtener un resultado global a veces fracasan por las presiones locales.

Esto es lo que sucede con muchos sistemas de gestión, diseñados con la visión global de los técnicos pero sin considerar la armonía de los distintos condicionantes de las personas a lo ancho de la organización; entre los más importantes condicionantes se encuentran las creencias y valores que forman el mapa interno de cada persona. Estos valores y creencias, que son los que condicionan en última instancia nuestro comportamiento, en su mayor parte subyacen implícitamente, y como no son evidentes es difícil contrastarlos y acompasarlos. Es necesario pues, esforzarse para que el punto de vista objetivo incluya la mayor parte y las más trascendentes subjetividades personales, construyendo coherencia entre todas ellas.

Lo que suele mantener los bucles limitadores de los sistemas es, casi siempre, que actuamos en silencio dentro de nuestro propio mundo. Pocas veces comunicamos lo que sentimos. Creemos que si contamos nuestros juicios a los demás les haremos daño y se pondrán a la defensiva; por nuestra parte, creemos que nos sentiríamos dolidos y nos pondríamos a la defensiva si alguien nos hiciera lo mismo. En consecuencia nos quedamos callados y la situación se mantiene oculta, porque cuando falta una retroalimentación sincera todos seguimos por el mismo camino.

El aprendizaje consiste en tomar decisiones y cambiar lo que hacemos en respuesta a la retroalimentación de lo que hacemos. Este ciclo de aprendizaje se llama aprendizaje simple o adaptativo. El aprendizaje simple deja intactos los modelos mentales, no altera nuestra visión del mundo. Por eso la realimentación que se produce en un aprendizaje simple tiende a reforzar el sistema en el que se desarrolla manteniéndolo estable. En las organizaciones se tiende a la fijación de procedimientos, normas, conductas y hábitos que hacen los sistemas cada vez más cerrados. La impermeabilidad de los sistemas cerrados hace que se deterioren y mueran, porque al no ser permeables a las influencias del medio en el que se desarrollan anulan sus oportunidades de adaptación. Para facilitar el avance y la pervivencia hace falta otro tipo de aprendizaje, uno en el que la realimentación influya en los modelos mentales e incluso los transforme para que surjan nuevas estrategias, nuevos tipos de acciones y nuevas experiencias.

La esencia de un sistema y su realimentación es la circularidad. La realimentación de un sistema se produce en forma de bucle, lo cual significa que necesita un tiempo para que una acción recorra el bucle entero y produzca su efecto. Además, el propio dinamismo del sistema hace que el efecto de la acción no se produzca necesariamente en el mismo lugar donde se desarrolló ésta. Por eso cuesta trabajo conectar la causa con el efecto cuando están alejados en el tiempo y en el espacio. Es decir, las acciones y el aprendizaje que producen tienen un desfase temporal y local, y esto debemos tenerlo en cuenta a la hora de valorar las consecuencias de nuestros actos. Así que cuando no detectamos la realimentación es posible que sea porque aún no haya recorrido todo el sistema.

2 Aprendizaje organizacional natural

En la práctica, es frecuente que evaluemos demasiado pronto el éxito de nuestras acciones porque no hemos tenido en cuenta los desfases de tiempo y esto nos haga errar en el juicio. Es decir, para que se produzca aprendizaje necesitamos detectar nuestra realimentación; es necesario disponer de un sistema de medición capaz de detectar las consecuencias de las acciones en el momento en el que éstas se produzcan y en el lugar en el que sucedan. El sistema debe tener la sensibilidad, exactitud y precisión adecuadas: sensibilidad para ser capaz de detectar aquello que queremos medir, exactitud para definir con la menor subjetividad posible el parámetro de medición y precisión para determinar la cantidad con la mayor exactitud posible.

Hay un sistema específico en lo relativo a las personas, nuestro sistema de creencias, que nos guía en lo que hacemos y además sirve para explicar nuestra experiencia y dotarla de significado. Este sistema, que conforma nuestro modelo mental o mapa interno, sirve de guía a nuestros actos y condiciona nuestros comportamientos.

Podemos examinar nuestro mapa interno y remodelarlo, enriqueciéndolo con creencias que lo hagan más realista y útil, y así nos aportará más felicidad y bienestar tanto para nosotros mismos como para los demás. La forma de lograrlo es analizando con imparcialidad nuestros modelos mentales, observándolos como un sistema y eligiendo los que queremos adoptar en lugar de aferrarnos sin más a los que ya tenemos. Para eso tenemos que actuar ahora de tres maneras: primero reflexionando sobre cómo obtenemos la realimentación del sistema que apoya nuestras creencias y que hace que mantengamos sin cambios todo el sistema; después definiendo las cualidades de los nuevos modelos mentales realistas y útiles que queremos para obtener felicidad y bienestar para nosotros y para los demás; y finalmente buscando una realimentación que sirva para conseguir estos nuevos modelos mentales. Luego, las nuevas experiencias que adquiramos a partir de estos nuevos modelos mentales influirán en ellos y los actualizarán.

En consecuencia, enriquecer nuestro mapa con otras y más útiles creencias hará que expliquemos mejor nuestra experiencia y que el significado sea más rico y preciso, y esto nos otorga más opciones de acción.

Las reglas del juego han cambiado. Quien está insatisfecho con los resultados ahora puede cambiar algo de lo que hace y luego puede comprobar el resultado y hacer los ajustes precisos para seguir avanzando.

Se trata de hacer pequeños cambios en la estrategia (cómo afrontar los retos) y en los procesos (cómo afrontar las tareas) de un área específica. Selecciona un área en la que, con un mínimo esfuerzo conseguirás el cambio más eficiente en el mayor número de elementos posible.

Nosotros proponemos realizar cambios de estrategia y de proceso en el área de la prevención de riesgos laborales (PRL[i]), porque al afectar a varios departamentos (RRHH[ii], producción, dirección…) actuará como amplificador y difusor del cambio. Si actuamos sobre la formación en PRL, cambiando su organización y técnicas, podemos transformar este gasto obligado en una inversión altamente rentable que mejorará la competitividad de la organización. Y cuando las personas y la organización comprueben que a raíz de estas actuaciones mejoran sus resultados y su satisfacción, entonces el cambio se generalizará por difusión.

La dirección de la organización debe comprometerse con esta estrategia y facilitar que se ponga en práctica, para que un equipo multidisciplinar de mandos intermedios asuma el desafío de incorporar hábitos de pensamiento y acción más útiles y los transmita al resto de las personas en la organización. Se trata de alinear los valores de las personas y la organización para generar emociones que favorezcan la voluntad de cambiar de hábitos.

Para esta tarea podemos remplazar los programas de formación habituales

15

por otros con los que acompañaremos a las personas de todos los estratos de la organización a través de un proceso en el que cada individuo aprenderá a aprender. El programa pivotará en torno a un proyecto ilusionante que servirá para crear un clima de confianza y cooperación, en el que las personas quieran hacer lo que tienen que hacer, con satisfacción; en el que se identifiquen y ejerciten los hábitos estimulantes más convenientes para las personas, los equipos y la organización.

Sin duda, lo hecho hasta ahora fue útil y beneficioso porque te ha traído hasta aquí. De hecho, cuanto más útil te fue, más seguro estuviste de tu competencia. Y normalmente, cuanto mejor resultado obtenemos menos nos planteamos cambiar, y así reducimos los riesgos que queremos afrontar y entonces las oportunidades de mejorar se vuelven más escasas; y en ocasiones la distancia al problema es tan pequeña que necesitas agrandarla para contemplarlo con suficiente claridad. Si ahora estás leyendo estas líneas es tal vez porque las cosas han cambiado y lo hecho hasta ahora ya no es tan útil, incluso puede que sea inconveniente. Así que si quieres mejorarlo puedes hacer algunos cambios en los sitios adecuados para **transformarlo en algo que servirá mejor a tus propósitos.**

PARTE I
LA SITUACIÓN ACTUAL

"Los cinco factores fundamentales en la guerra son la influencia moral, las condiciones atmosféricas, el terreno, el mando y la doctrina.

Por influencia moral entiendo aquello que hace que el pueblo esté en armonía con sus dirigentes (...). Por poco que se trate a las gentes con bondad, justicia y equidad y depositando en ellos la confianza, el ejército tendrá espíritu de equipo y todos se sentirán felices de seguir a sus jefes. (...)

Por condiciones meteorológicas entiendo el juego recíproco de las fuerzas naturales, (...) así como la dirección de las operaciones militares de acuerdo con las estaciones.

Por terreno entiendo las distancias y la facilidad o la dificultad que hay en recorrerlas (....) es primordial conocer con antelación las condiciones del terreno.

Por autoridad entiendo las cualidades de sabiduría, equidad, humanidad, coraje y severidad en general. Sí el jefe está dotado de sabiduría, será capaz de reconocer los cambios de las circunstancias y actuar con presteza. Si es equitativo, sus hombres estarán seguros de la recompensa y del castigo. Si es humano, amará al prójimo, compartirá sus sentimientos y apreciará su trabajo y sus dificultades. Si es valiente, alcanzará la victoria captando, sin durarlos, el momento oportuno. Si es severo, sus tropas serán disciplinadas, porque temerán y recelarán el castigo.

Por doctrina entiendo la organización, la autoridad, la promoción de los oficiales al rango conveniente, la vigilancia de las vías de aprovisionamiento y el cuidado de atender las necesidades esenciales del ejército (...)

(...) La estación apropiada cuenta menos que las ventajas ofrecidas por el terreno; y, a su vez, éstas cuentan menos que la armonía de las relaciones humanas"

Sun Tzu, *El Arte De La Guerra*

¿CÓMO MEJORAR LA COMPETITIVIDAD?

Las políticas ganar/ganar no existen en un mercado libre globalizado, porque el cliente potencial es limitado, finito, sólo se puede ganar más en la medida que los competidores ganen menos. En consecuencia, ¿qué podemos hacer para ser más competitivos? La tecnología como instrumento competitivo cada vez es menos relevante, porque cambia muy rápido y es de fácil acceso, así que sólo existe un elemento de indefinida capacidad que resulta diferenciador en términos de competitividad de las organizaciones: las personas.

Los comportamientos de las personas son la evidencia de los hábitos instalados en las organizaciones y modifican las cuentas de resultados y la organización en su conjunto. No existe organización que escape de la necesidad de cuidar integralmente a las personas que trabajan en ella, ya que a lo largo su ciclo vital todas se burocratizan, se institucionalizan y necesitan renovarse. Para orientar esta renovación es útil tener clara la diferencia entre rentabilidad, que nos lleva a poner el foco en los beneficios de la cuenta de resultados, y competitividad, que se centra en la pervivencia de la organización a lo largo del tiempo.

Cuando tenemos noticias de estos aventureros que, en moto o coche dan la vuelta al mundo, siempre me han producido admiración: su capacidad para transformar su vida, realizando un viaje en ocasiones incómodo, por lugares desconocidos, con inseguridades, incertidumbres y muchas oportunidades.

Su capacidad para ponerse a prueba, aprendiendo, adaptando y utilizando los recursos con que se equipó antes de partir, y encontrando otros nuevos y aprovechándolos para mejorar; y así adaptarse y continuar el viaje hasta el destino.

Lo que proponemos en este libro se puede entender así. Puedes imaginarte que estamos a punto de emprender un viaje transformador que te llevará de un lugar que ya aporta poco, hacia otro en apariencia lejano, deseado, motivador y con algunas incertidumbres. Tienes la seguridad de saber que el viaje será incómodo, que necesitarás solucionar las dificultades e imprevistos que nos asalten durante las etapas hasta la meta, para los que has de pertrecharte y prepararte adecuadamente. Confías en que a lo largo del apasionante viaje mejorarás en la utilización de habilidades y adquirirás otras nuevas que te harán estar más preparado, cada vez, para afrontar la siguiente etapa con éxito; y también para otros ulteriores viajes.

Una vez elegido el destino inicias el viaje con preparativos vacilantes. Trazas la ruta y calendario aproximados, preparas el vehículo y haces las modificaciones mecánicas precisas: tracción, suspensión, alumbrado, protección de las partes delicadas del vehículo; mejora del habitáculo para acomodar los pasajeros, piloto y carga.

Por fin, una vez superada la tensión crítica de la salida, inicias el viaje, primero por lugares conocidos o con referencia de ellos que en seguida dejas atrás y mientras confirmas tus habilidades y ganas autoconfianza afrontando con más seguridad las etapas por venir. Cuando más adelante avanzas por lugares más inciertos, vives como en una montaña rusa la continua sucesión de momentos de desafío y otros de mayor seguridad; así afianzas el sentimiento de seguridad en ti mismo, porque conforme vas superando etapas, paso a paso, estás demostrando que eres capaz de adquirir los que necesitas para avanzar mejorando. Y durante toda aventura disfrutas hasta alcanzar a la meta donde, echas la vista atrás y reconoces que ni fue tan largo, ni tan difícil, ni estabas tan mal preparado. Y además habrás crecido por el camino. Objetivo cumplido.

Pues bien, para este viaje desde una situación ahora incierta, partimos con un vehículo y unas habilidades insuficientes aún para afrontar el viaje hacia nuestro objetivo. Podemos pensar que los sistemas de gestión de la organización y nuestras habilidades son el vehículo que nos llevará al destino porque hasta ahora sirvieron para traernos hasta aquí. Aunque si no nos son útiles en su estado actual necesitamos modificarlos, desprendiéndonos de lo inadecuado para el viaje y adaptando, adquiriendo e incorporando otros más útiles. Así que necesitamos herramientas que nos permitan hacer los ajustes precisos. En realidad tenemos dos opciones, llevar el vehículo a un taller al principio del viaje para que allí otros decidan con su criterio qué cambios hacer, y luego a los talleres de emergencia en cada reparación puntual durante el periplo. Otra opción es acudir a un mecánico experto que nos ayude a que nosotros mismos identifiquemos qué cambios nos convienen más y cómo queremos hacerlos, y nos guíe mientras que nosotros mismos los operamos, adquiriendo así las habilidades que nos harán más capaces y autosuficientes en adelante. Es decir, podemos contratar consultores al principio y tantas veces como necesitemos a lo largo del viaje, o podemos trabajar internamente mediante un proceso de Coaching que nos sirva ahora para que nosotros mismos identifiquemos las mejoras necesarias y nos acompañe mientras aprendemos a incorporarlas.

La realidad es que vivimos en un entorno en constante evolución, en el que el cambio es la única constante. Cada vez más los cambios se suceden rápidamente y en ocasiones además son de gran magnitud. Y es probable que sean desfavorables para nosotros en las condiciones actuales. Así que sólo nos queda adaptarnos, bien dinámicamente tratando de avanzar o bien estáticamente protegiéndonos.

Lo importante para acertar en la estrategia es mantener la calma y actuar con serenidad y disciplina. Por eso quienes tienen la responsabilidad de dirigir deben tener suficiente competencia emocional para sentirse cómodos con la inseguridad y permanecer en calma ante lo inesperado; deben permanecer abiertos a las ideas y los enfoques nuevos y lo suficientemente flexibles como para responder a los cambios.

Desde hace algunos años se están produciendo ajustes en las organizaciones que han llevado a la reducción de mandos intermedios y a la disminución de las funciones de supervisión y control. Exigimos más responsabilidad -porque nos vemos arrastrados a ello- y ofrecemos menos autonomía -porque seguimos la inercia del modelo de liderazgo tradicional-. Y esta falta de armonía genera sentimientos que son poco útiles para las personas y para la organización (temor, resignación, apatía, resentimiento,…) y que a su vez en muchas ocasiones generan acciones que las perjudican, produciendo de nuevo sentimientos del mismo tipo en un círculo vicioso que merece la pena romper.

Por eso, disponer del control sobre los sentimientos propios y de los demás, y utilizarlos como guía de pensamiento y acción permite mejorar el bienestar de las personas y la competitividad en la organización. Rendimiento, aprendizaje y placer son inseparables, de la misma forma que acción, pensamiento y sentimiento lo son.

Parece que cuanto mayor es la competitividad mayor es la tendencia a separar producción de prevención y a centrarse en la primera. Esto es así, al menos en parte, porque los beneficios de la prevención son a medio y largo plazo, que es lo que desaparece del horizonte de las personas en tiempos tempestuosos. Así que la motivación para hacer las cosas de forma más segura y saludable desaparece, y mientras tanto hay quien sigue centrando los programas de formación en el conocimiento en lugar de en la motivación. Así es como podemos trocar el círculo vicioso en otro virtuoso. Por eso con una inversión parecida a la de los habituales programas de formación obtendremos un retorno de la inversión mucho más elevado porque los hitos que lograremos son variados. Entre ellos están los siguientes:

- Mejorará la competitividad y la productividad, porque utilizaremos técnicas para desarrollar el potencial de las personas y de los equipos. Estas técnicas consisten básicamente en favorecer un proceso de reflexión que facilite la identificación de obstáculos y la adquisición y desarrollo de los recursos necesarios para superarlos. Trabajaremos para superar las barreras que impiden el aprendizaje en las organizaciones, alineando valores, creencias y acciones. También mejorará la comunicación entre las personas y en los equipos aumentando la cantidad y claridad del diálogo y debate productivos. Y como las organizaciones están formadas por personas, la propia organización mejorará su desempeño.
- Mejorará la eficiencia de la inversión. Conseguiremos más con menos porque utilizaremos un proceso acelerado de aprender a aprender que favorece el desarrollo del potencial de las personas y

equipos y cuyas cualidades de autoaprendizaje, rapidez y eficacia máxima colocan estas técnicas por delante de las habituales técnicas formativas en cuanto a retorno de la inversión.

- Mejorará el bienestar. Esto se traduce en buen clima laboral, satisfacción y felicidad para las personas. El bienestar repercute en la disminución de: dolencias psicosociales como el estrés y de mermas en la productividad debidas al bajo rendimiento y a deficiencias en el cumplimiento de los horarios (absentismo, presentismo, retrasos reiterados…) entre otros

- Incorporará los aprendizajes al *know-how* de la organización. El autoaprendizaje y la autoenseñanza se extienden por radiación a través de la organización y se incorporan como un valioso activo intangible.

- Reducirá la dependencia de programas formativos. El autoaprendizaje y la autoenseñanza, a través de la comunicación mejorada y de la incorporación de los hábitos de reflexión y crítica constructivos, hacen menos necesarias las actividades formativas tradicionales y su repetición para consolidar el aprendizaje.

OBSTÁCULOS Y RECURSOS

Si estuvieras dentro de una estampida, ¿cuál sería la mejor manera de actuar?

Y además de eso, ¿qué otras opciones tendrías?

1. CAMBIO DE CICLO Y ECOLOGÍA DEL CAMBIO

Las crisis son cambios de ciclo, rupturas de tendencia. Los cambios que estamos viviendo estos últimos años nos indican que las organizaciones que mayoritariamente están triunfando son las de estructura plana, en las que la información fluye libremente, responsabilidades asumidas y se practica un liderazgo blando, en las que se trabajar en equipo y las personas son reclutadas, remuneradas, valoradas y promocionadas por sus competencias en lugar de por sus títulos. – Estas características les permiten agilizar el flujo de información que facilita el aprendizaje, ser más flexibles ante los cambios, disponer de una velocidad de respuesta más rápida, lograr mayor satisfacción de los empleados y optimizar los recursos disponibles. Las ventajas de este nuevo paradigma, nacido de la adaptación al mercado global, hacen a las organizaciones más adaptativas y competitivas. La competencia global está llevando a restructuraciones radicales de las organizaciones afectadas por grandes cambios y por una rápida obsolescencia de conocimientos que necesitan un apoyo altamente especializado al personal, para adquirir nuevas habilidades y adiestramiento "just in time" en un contexto de aprendizaje a lo largo de la vida en el que la propia persona debe involucrarse.

Las empresas capaces de reorganizarse conseguirán sobrevivir. La estrategia y los objetivos estratégicos son de poca utilidad cuando los que ocupan las escalas inferiores no conocen, comparte o sigue esos objetivos. En tanto que el público en general viva conforme a sus necesidades diarias, sin conocer ni participar de los objetivos e intereses globales no se dará ningún cambio.

La finalidad de una intervención estratégica para mejorar la competitividad está muy relacionada con la ecología organizacional. La ecología es la ciencia de los seres vivos y su relación con el entorno en el que viven. Por lo tanto, podemos hablar de la ecología de la empresa refiriéndonos a la relación de las personas y agrupaciones de personas (grupos, equipos) y su relación con el entorno humano que creamos, es decir, con cómo se comunican, aprenden, progresan y evolucionan.

Con mucha frecuencia, sobre todo en los casos de restructuración de la organización, los comportamientos y procesos son poco ecológicos para la organización. Es conveniente cuando se definen estrategias de intervención atender a su ecología, pues todo comportamiento antiecológico en el medio y largo plazo acaba siendo contraproducente. La existencia de normativas y patrones de comportamiento afuncionales y artificialmente mantenidos es con frecuencia la causa de que una organización se sienta incapaz de superar nuevos desafíos. De aquí la necesidad de evolucionar, venciendo las barreras organizacionales, superando sistemas de gestión burocratizados que limitan la agilidad adaptativa y remplazando una cultura de la imposición por otra que alimente la felicidad del individuo a través del deseo de colaborar con su trabajo al desarrollo de una organización con la que comparte valores.

2. DETERIORO DE LA SALUD Y MERMA DE LA COMPETITIVIDAD

Las organizaciones están afectadas por los veloces cambios característicos de la alta competitividad del mundo globalizado, lo que hace que aumenten las demandas sobre los trabajadores. La reducción de personal, la externalización, una mayor necesidad de flexibilidad tanto en las funciones como en las capacidades, el aumento de los contratos temporales, una mayor inseguridad en el empleo, el aumento de la carga de trabajo y de los horarios, la intensificación del trabajo y un pobre equilibrio entre vida laboral y extra laboral son todos factores que incrementan las demandas emocionales y mentales en el trabajo y contribuyen al deterioro de la salud de las personas y también de las organizaciones.

Se estima que el 22% de la población activa europea está bajo situaciones de estrés. De hecho el estrés representó la segunda causa de bajas laborales después de los trastornos musculoesqueléticos y supone al menos el 50% de los días de trabajo perdidos en la Unión Europea[iii]. Aunque en realidad la repercusión del estrés es mucho mayor en base a dos consideraciones. En primer lugar hay una subnotificación de los casos, porque sólo se comunican algunos de los casos que se producen en la economía formal, porque los periodos de latencia largos hacen difícil que se reconozcan antes de que se hayan manifestado clínicamente los síntomas, porque la variedad de causas que hace que sea difícil probar un nexo causal con el trabajo hace que se investiguen y comuniquen poco los casos individuales, y porque las empresas utilizan recompensas económicas o morales o usan la culpa como estrategia frente a accidentes. En segundo lugar, la relación directa que existe entre factores psicosociales y trastornos musculoesqueléticos hace que muchos de estos tengan su origen en factores como el estrés, de manera que siendo el estrés la causa original frecuentemente en su lugar sólo se diagnostiquen sus síntomas (trastornos musculoesqueléticos, dolencias gastrointestinales…)

El interés que suscitan estas evidencias debe ir más allá de la salud de las personas y el gasto médico; estos males conciernen también a la economía y a la competitividad de las organizaciones, porque afectan las personas que son sus células productivas y, por cuestiones de contagio emocional o de sobrecarga laboral, se extienden a las personas sanas como un cáncer, afectando al clima laboral y condicionando la cultura organizativa.

Ocuparse de estas cuestiones -los daños derivados del estrés, la sobrecarga laboral, el clima laboral, la cultura organizativa- es parte del cometido compartido en las organizaciones por el área de Seguridad y Salud laborales y por el área de Recursos Humanos, y afecta además al área de Producción. Esta realidad hace que la integración efectiva de la SST en la gestión de las organizaciones sea una cuestión vital funciona como una bisagra que puede abrir la puerta a la mejora de la competitividad, dando además así cumplimiento al imperativo legal. Por eso cuando directivos y ejecutivos están demostrando que aún tienen poca consciencia de esta realidad manifiestan que el principal motivo para ocuparse de la SST es el cumplimiento legal y al mismo tiempo demuestran su incapacidad de conducir la organización hacia el éxito.

Cultura y clima de seguridad

Nadie nace odiando a otra persona.

La gente aprende a odiar, y si pueden aprender a odiar, también se les puede enseñar a amar, el amor llega más naturalmente al corazón humano que su contrario.

Nelson Mandela

Cultura preventiva

La cultura se define como los valores duraderos y las prioridades en todo el nivel de la organización. La cultura enfatiza la contribución de cada uno a todos los niveles de la organización y tiene impacto en el comportamiento de sus miembros. La cultura está condicionada sobre todo, aunque no únicamente, por las funciones de dirección, gestión y supervisión en el trabajo.

La cultura de una organización no es única sino que en realidad está formada por una amalgama de subculturas entre las que la cultura de seguridad y salud es una más. En realidad, la cultura preventiva puede actuar como aglutinante, o al menos como uno de los aglutinantes, de esta amalgama.

Esta diversidad cultural afecta al sistema, a la organización en su conjunto, porque frente a una situación común se produce una diversidad de perspectivas, interpretaciones e intereses que, impulsadas por las relaciones de poder y la estructura social de la organización, pueden ponerla en riesgo. Como consecuencia es necesario integrar las diferentes culturas para que la organización tenga un buen desempeño. Por eso el objetivo último debe ser establecer las relaciones entre la cultura de la seguridad y las demás, y puesto que las culturas se sustentan en valores son éstos los que debemos atender.

Cuando hablamos de cultura de la prevención nos referimos a la extensión con que los individuos y grupos comprometen su responsabilidad personal hacia la seguridad y la salud, actuando para preservarla, realzarla y difundirla, adaptando y modificando sus comportamientos basados en lecciones aprendidas de los errores y siendo recompensados en forma consistente con esos valores. Es decir, que una organización que quiera desarrollar una cultura preventiva debe tener capacidad de aprendizaje. De forma análoga podríamos hablar de las demás subculturas.

La cultura es relativamente duradera, estable y resistente al cambio, mientras que el clima de seguridad es algo mucho más variable. El clima de seguridad es el estado temporal de la seguridad y salud en un momento y lugar determinados. El clima es una foto de la cultura de seguridad y responde a las percepciones de las personas en un momento particular, lo que le dota de cierta subjetividad puesto que las percepciones son en sí subjetivas. Por eso, para evaluar el nivel de seguridad y salud de una organización conviene disponer de datos más objetivos sobre el desempeño basados en la evaluación de criterios objetivos de las competencias profesionales del puesto.

Dicho de otra forma, el clima preventivo es la percepción que tenemos sobre qué tal se ajustan los comportamientos de las personas a los valores preventivos de la organización y cómo aprendemos de los errores (incidentes y accidentes) para modificar y reforzar esos valores.

Las percepciones nacen a partir de la información que recibimos sobre algo, lo que pone de manifiesto la importancia de la información para conocer los errores y poder aprender. A su vez la capacidad de aprendizaje depende del mensaje que transmite la información y del efecto que produce en el receptor la forma en que se transmite: siempre que la información sobre los errores se utiliza para señalar responsabilidades podrá ser útil; en cambio el uso inculpatorio de la información produce ocultación y distorsión y pérdida de información que perjudican la capacidad de aprendizaje de la organización. En una cultura de la responsabilidad tiene cabida la recompensa, mientras que una cultura de la culpa sólo cabe el castigo. En tu opinión, ¿Cuál es más motivadora es? ¿Cuál más útil?

Y ahora, ¿cómo de fácil crees que la información obtenida de los errores puede modificar la cultura de la organización a través de sus valores?

Por una parte sabemos que la cultura responde a valores y que se traduce en comportamientos, y por otra sabemos que las causas de los accidentes hay que buscarlas en los comportamientos (lo que se hace) y en las condiciones de trabajo (donde se hace) y. Hay quienes defienden que las modificaciones de conducta reducen la siniestralidad y también hay quienes piensan que modificar la conducta es muy difícil y además distrae de las causas profundas de los accidentes, que hay que buscarlas en las condiciones de trabajo y en la gestión de la prevención. En nuestra opinión ambos tienen razón, ya que las condiciones de trabajo y la gestión de la prevención son fruto del comportamiento de los gestores, puesto que la función de los gestores es lograr que las cosas se hagan como se tienen que hacer y además son los responsables de proveer donde hacerlas. . Cuando pensamos en comportamientos conviene mantener en perspectiva las funciones que desempeña la persona; de esa forma es fácil comprender que mientras que un comportamiento inseguro de un trabajador de línea puede ser retirar un resguardo de protección, un comportamiento inseguro de un trabajador de gestión puede ser no proporcionar el resguardo de protección (condición insegura).

En los años 80 del pasado siglo los gerentes de la aviación militar italiana promovían una cultura de la seguridad teórica, rigurosa, inflexible, donde la práctica del feedback procuraba evitar las inculpaciones y proteger el prestigio de la unidad. En consecuencia sólo se reportaban errores técnicos y los informes de errores humanos eran escasos y sólo para los casos muy graves: las estadísticas indican que los informes decrecieron a la mitad en diez años mientras los accidentes graves tenían una ligera tasa de aumento. En la década de los 90, a raíz de algunos accidentes que produjeron la muerte de decenas de muertos y cientos de heridos, cambiaron las directrices y potenciaron un cambio de cultura de no culpabilidad sino de responsabilidad bajo el principio inspirador: no se puede cambiar la naturaleza humana, pero sí se puede cambiar el sistema en el que actúa el ser humano". Los resultados fueron que en una década lograron multiplicar por 5 los reportes de errores técnicos y por 30 los reportes de errores humanos, logrando eliminar el 84 % de los incidentes[iv]. Es decir, el comportamiento de los gestores, cambiando el modelo de gestión, logró cambiar el comportamiento de las personas y tuvo como consecuencias mayores tasas de seguridad.

En consecuencia hay que actuar en los dos frentes. Por un lado hay que trabajar para lograr unas condiciones de trabajo adecuadas y una gestión de la prevención que sirva para que se alcance una cultura preventiva eficaz, que tendrá su manifestación en el clima y en el desempeño. Para ello hay que trabajar los valores de la alta dirección y ejecutivos, que son quienes deben implantarla y liderarla sobre todo a través de su ejemplo. La autoridad que les da su conducta ejemplar legitimará su política preventiva, que ha de incluir una política de recompensas y también de sanciones. Por otro lado además hay que preparar al resto de personas para que acepten la nueva cultura y participen en ella a través de nuevos comportamientos, independientemente de que cambien sus propios valores o no, puesto que lo primero es el paso previo para lo segundo.

Así que cuando deseamos desarrollar la cultura de la prevención tenemos que asumir que la organización debe desarrollar la capacidad de aprender como organización, puesto que la prevención es algo que sucede en toda la organización y que la ineficacia preventiva le afecta globalmente. Además, debemos tener en cuenta cómo interacciona esta subcultura con las demás subculturas y cómo están establecidas las relaciones de poder entre ellas.

Clima laboral

El resultado logrado por una organización depende de la aptitud (el saber), de la actitud (el querer) y del estado emocional (el sentir) que es un factor multiplicador de los anteriores e impulsa o limita poderosamente el desempeño.

Los estados emocionales colectivos, que llamamos clima laboral, a los estados emocionales colectivos, que transmiten un estado de opinión acerca de la organización y que condicionan el destino de la compañía, limitando o impulsando sus acciones y resultados. Podríamos ignorarlos, pero no podemos evitar sus consecuencias.

Hay entornos tóxicos, desmotivadores pero también los hay estimulantes, liberadores. Es un hecho que entre el 30% y el 40% de los resultados del negocio dependen del contexto en el que uno se desenvuelva, del clima laboral, y los directivos son los principales responsables[v].

Las personas, una vez satisfechas sus necesidades más básicas (salario y vivienda), persiguen otras cada vez más elevadas: pertenencia a un grupo (comunidad), estima de los demás (prestigio), autoestima (capacitación), y valores y significado (autorrealización). La pertenencia a un grupo suele ser fácil de lograr en la organización, dada la multiplicidad de intereses (grupo de empleados de RRHH, grupo de trabajadores de este o aquel oficio, grupo de afectados por esta o aquella cuestión, equipo proyecto...); lo crucial es integrar a las personas en grupos cuyo interés coincida con el de la organización. En el siguiente nivel algunos empleados, esencialmente los más jóvenes, dan muestras de querer satisfacer la necesidad de autorrealización. Y se llega a creer en uno mismo cuando uno se considera digno de poder tomar decisiones; en este sentido otorgar y recibir responsabilidad es un mecanismo muy potente para generar autoestima, la actitud necesaria para superar retos; por el contrario, cuando se trata a las personas como si fueran asnos, se comportan como tales. Así que autoestima, seguridad en uno mismo y rendimiento son inseparables, de la misma forma que lo son rendimiento, aprendizaje y placer.

La sociedad en su conjunto está buscando satisfacer necesidades ligeramente superiores y gran parte de la sociedad moderna se está reorientando hacia la necesidad de autoestima de sus subordinados. Cuanto más orientemos nuestros sistemas de motivación a satisfacer las necesidades de las personas a las que queremos motivar, más felices seremos todos. Y la felicidad es la que determina la duración de la motivación.

Las organizaciones se comportan de la misma forma que las personas que la integran y se encuentran en una fase de desarrollo y evolución similar. Por eso las organizaciones se están viendo obligadas a tener más en cuenta la ética, los valores y las necesidades de todos los implicados. Y la felicidad en el trabajo y la alegría personal son una de esas necesidades que van de la mano de la seguridad y salud laborales.

La base de una organización alegre se encuentra en que sus miembros tengan un sentimiento de pertenencia claro y positivo, fruto de una reflexión coherente. Esto implica unidad en los proyectos y en los objetivos comunes. La suma de sonrisas en una organización acaba produciendo instituciones atractivas, en las que florecen los proyectos novedosos y valiosos. Por el contrario, en organizaciones tristes zozobran las iniciativas.

El buen humor sólo es posible cuando nos distanciamos o hacemos más pequeño lo obsesivamente inmediato y tomamos nuevas perspectivas. Por eso hemos de definir en nuestra organización misiones y visones ilusionantes, que ayuden a superar las pequeñeces que harían perder perspectivas más valiosas y debemos, además, proporcionar un clima libre de temores o ideologías que permita que el buen humor se extienda.

El humor es una decisión personal de cada individuo que permite ser flexible y ser feliz. El humor consiste en mirar las situaciones que causan problemas desde los ojos de un comediante. El humor incluye transformar la realidad en nuestra mente exagerando dramáticamente la experiencia, imaginándola desde un punto de vista poco convencional (el de un esquimal, o de un extraterrestre) o mediante otras técnicas. La flexibilidad de interpretación que ejercitamos a través del humor nos permite cambiar nuestra visión del mundo y esto nos otorga libertad para elegir la forma en la que queremos sentir, actuar y vivir. Además, cuando tienes sentido del humor te ríes, te estás divirtiendo y todos saben que aprenden mejor cuando se están riendo y divirtiendo. Por eso el buen humor es una estrategia de éxito, porque logra empequeñecer las derrotas y nos predispone a reinterpretar los problemas, a ser flexible en las soluciones para alcanzar los objetivos.

Lo que nos enseña el sentido del humor, como estrategia de éxito, es que podemos superar las adversidades y alcanzar nuestros objetivos cuando primero somos conscientes de nuestros actos y pensamientos y luego tenemos flexibilidad para reinterpretarlos, aprender y modificarlos. Por eso el buen ánimo de una organización influye sobremanera en el logro del éxito a través de la superación de obstáculos e imprevistos en el logro de los objetivos planificados con precisión. También por eso la mejora del clima laboral que genera una reducción de los niveles de estrés produce mejoras en la productividad.

Estrés

El estrés de origen profesional se ha descrito como el principal problema de salud en el trabajo del siglo XXI. El estrés relacionado con el trabajo se está convirtiendo en un fenómeno globalizado que afecta a todas las profesiones, a todas las categorías de trabajadores y a sus familias. Hoy es ampliamente reconocido que el estrés en el trabajo es un problema común y que tiene un alto costo en términos de salud de los trabajadores, absentismo, baja productividad y rendimiento; los factores psicosociales que contribuyen a la generación del estrés llevan a problemas relacionados con la salud para el trabajador y menor productividad para la organización. También representan una de las principales causas de accidentes, lesiones fatales y enfermedades en el trabajo.

En la Unión Europea la intensidad de la actividad laboral y la autonomía en el trabajo aumentan desacompasada (la mayor autonomía no compensa el incremento de intensidad laboral) y como resultado algunos trabajadores deben afrontar graves tensiones en el trabajo. Así ocurre sobre todo en lo que respecta a los trabajadores cualificados. Además un agravante es que las consecuencias del estrés se comportan como factores en cadena que realimentan el ciclo de pérdida de productividad, porque la pérdida de rendimiento derivada del estrés supone el incremento de las exigencias del trabajo para las personas sanas, en las que aumenta a su vez el riesgo de sufrir estrés.

En los países de la Unión Europea, entre un 3 y un 4% del PIB se gasta en problemas de salud mental; por causa del estrés se pierde el 3,7% de las horas de trabajo anuales, lo que representó un coste medio de 650 € por trabajador en 1998[vi].

Los empleados sufren desánimo, cansancio, ansiedad, estrés, pérdida de ingresos e incluso desempleo, con el agravante, en algunos casos, del inevitable estigma que lleva asociado la enfermedad mental. Para los empleadores, los costos se traducen en términos de baja productividad, disminución de los beneficios, altas tasas de rotación de plantilla y mayores costos de selección y formación del personal sustituto. Para los gobiernos, los costos incluyen gastos de atención sanitaria, pagos por seguros y merma de renta a nivel nacional. Los informes de la Agencia Europea para la Seguridad y Salud en el Trabajo vinculan la alta incidencia del estrés, el cansancio y la depresión a los cambios que se están produciendo en el mercado de trabajo, debidos en parte a los efectos de la mundialización económica[vii].

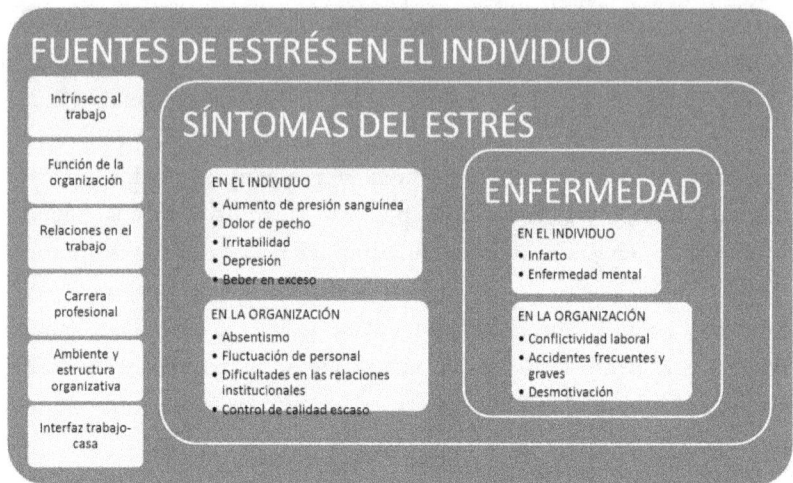

3 Modelo de Cooper del estrés relacionado con el trabajo (adaptado de Cooper y Marshall, 1976)

El estrés puede afectar cualquier lugar de trabajo y a cualquier trabajador, independientemente del tamaño de la empresa, de su ámbito de actividad o del tipo de contrato o relación laboral. Y aunque el estrés no es una enfermedad, una exposición prolongada puede reducir la eficacia en el trabajo y causar problemas de salud.

El estrés ligado al trabajo puede ser provocado por diferentes factores, como el contenido del trabajo, su organización, su entorno, la falta de comunicación, etc. Dada la complejidad del fenómeno del estrés, el presente texto no pretende proporcionar una lista exhaustiva de indicadores de estrés potencial. Sin embargo, altos niveles de ausentismo, de rotación de personal, de frecuentes conflictos o quejas de los trabajadores constituyen signos que pueden indicar un problema de estrés ligado al trabajo. A más largo plazo también puede contribuir a los trastornos del sistema osteomuscular y a otras formas de trastornos de la salud, como hipertensión, úlcera péptica y enfermedades cardiovasculares. El estrés relacionado con el trabajo puede contribuir asimismo a una incapacidad de hacer frente al trabajo y aumentar los comportamientos de riesgo, ya que afecta a la percepción del riesgo y a la actitud frente al riesgo.

En consecuencia tratar la cuestión del estrés ligado al trabajo puede conducir a una mayor eficacia y mejora de la Salud y de la Seguridad en el Trabajo, con los correspondientes beneficios económicos y sociales para las empresas, los trabajadores y la sociedad en su conjunto. Por eso cobra especial importancia aumentar la resiliencia al estrés de los individuos. En los deportistas, como en cualquier persona, el entrenamiento adecuado es indispensable para aumentar sus capacidades y en consecuencia su rendimiento. Al mismo tiempo que mejora el desempeño, este entrenamiento servirá también para conocer los propios límites y reconocer los síntomas que avisan del sobreesfuerzo ayudando a dosificar esfuerzos y a prevenir lesiones. El entrenamiento a que nos referimos comprende, por ejemplo, cuestiones relativas a la planificación del trabajo y revisión de la planificación, a la actitud personal ante las circunstancias y factores potencialmente estresantes, y también las habilidades de comunicación para conocer y dar a conocer las razones que explican los factores estresantes y las limitaciones que pueden impedir responder de la forma esperada a las exigencias de la tarea.

4 Elementos de la resiliencia al estrés

En general muchos empleadores son conscientes de la relación entre salud y productividad, y están mejorando sus estrategias de dirección desarrollando y poniendo en práctica programas de acción que llevan a forjar una nueva cultura. Estos programas de acción incluyen actuaciones diversas que logran desarrollar las competencias emocionales adecuadas para que el trabajo en la organización sea más saludable y la productividad mejore.

De esta forma solucionar los problemas de estrés en el trabajo es uno de los retos para lograr una organización competitiva y saludable. Se han identificado 50 puntos de control para monitorizar las medidas de control del estrés en las organizaciones, de los que 30 están relacionados con el liderazgo, la organización del trabajo, la competencia profesional, el reconocimiento del trabajo, la gestión de la información y la comunicación y el apoyo social en el trabajo, cuestiones todas ellas que se trabajan en el plan de acción que proponemos más adelante[viii].

Estrés

El estrés relacionado con el trabajo es la respuesta física y emocional nociva que ocurre cuando las exigencias del trabajo no corresponden o superan las capacidades, los recursos o las necesidades del trabajador. Está determinado por la organización y diseño del trabajo, y por las relaciones laborales. Emerge cuando el conocimiento y la capacidad para asistir y superar las dificultades de un trabajador no corresponden a las expectativas de la cultura organizacional. El estrés puede ocasionar reacciones físicas, psicológicas o conductuales y el estrés prolongado se convierte en destructivo y debilitante. Además de en el trabajo, las causas del estrés pueden encontrase en casa, en el entorno social o en la comunidad, (local, provincial, nacional…) y las consecuencias del estrés también pueden tener impacto en cualquiera de estos ambientes. Lo más frecuente es que sea una combinación de factores la que agota la capacidad de las personas de resistir el estrés, así que las acciones que se emprendan en el lugar de trabajo, en la comunidad y en la sociedad también afectarán a los otros ámbitos. Por lo tanto debemos evitar afrontar el estrés relacionado con el trabajo de manera aislada y conviene considerarlo desde una perspectiva sistémica para cosechar más éxitos.

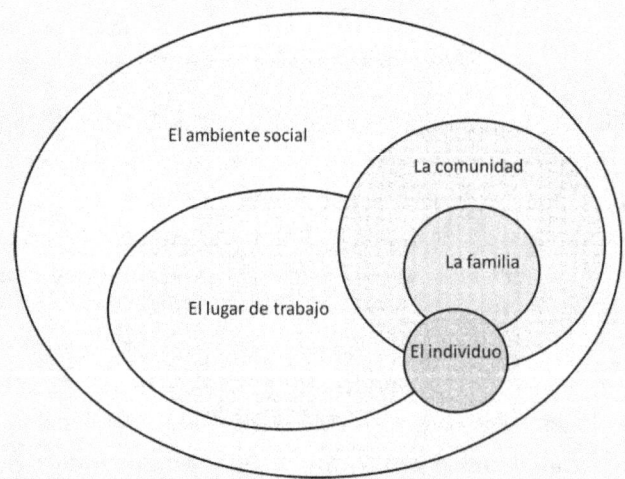

5 El estrés desde una perspectiva sistémica

Cierto nivel de estrés precede la motivación y es esencial para tener un impulso hacia el logro y un vínculo con el trabajo. Sin embargo, se puede llegar a un punto en el cual ese estrés inicial sea excesivo.

Con frecuencia somos incapaces de detectar precozmente los estados de estrés y sólo tomamos consciencia de que se llegó al límite cuando los efectos negativos ya han afectado al trabajo. Por eso las personas con responsabilidad sobre otras deben ser conscientes de los efectos negativos que el estrés puede tener y deben conocer las causas que provocan el exceso de trabajo y la falta de control sobre las tareas.

De ahí la importancia de poner en práctica medidas preventivas que incidan en la organización del trabajo, en el incremento de las habilidades de los trabajadores para enfrentar y superar dificultades y en el desarrollo de sistemas de apoyo social para los trabajadores en el lugar de trabajo. En este sentido son buenas opciones aquellas que supongan aumentar la autonomía de las personas y los equipos en la organización de su trabajo, animándoles a adquirir responsabilidad sobre él, mejorando sus habilidades y conocimientos para que puedan afrontarlo con mayor control y aumentando las oportunidades de tener comunicaciones más efectivas para enfrentar y superar las dificultades.

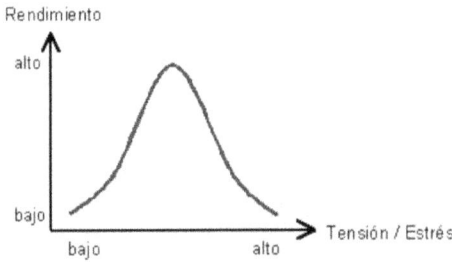

6 Estrés y rendimiento

Hay tres variables que determinan el nivel de estrés de las personas en el trabajo: las demandas o exigencias psicológicas del trabajo, el margen de decisión o control que tiene la persona sobre el trabajo, y el apoyo social del que dispone la persona.

Las exigencias psicológicas hacen referencia a cuánto se trabaja: cantidad o volumen de trabajo, presión de tiempo, nivel de atención, interrupciones imprevistas. El control se refiere al margen de decisión para resolver las demandas del trabajo y tiene que ver con la autonomía y con la competencia profesional (habilidades y conocimientos). Es decir, el control es la posibilidad que tiene la persona de controlar sus propias actividades influenciando decisiones relacionadas con su trabajo y está relacionado con los recursos de que dispone para desarrollarlo y con sus propias capacidades (aprendizaje, creatividad...). Por último, el apoyo social consiste en el reconocimiento, apoyo y aprecio del que dispone una persona, y le ayuda a afrontar las dificultades cotidianas.

Las dos primera variables –exigencia y control- determinan el nivel de estrés y de motivación y la tercera –apoyo social- actúa aumentando o disminuyendo estos efectos. El estrés y las enfermedades relacionadas con él están causados por las situaciones en las que se perciben altas exigencias psicológicas junto con una sensación de poco control sobre el proceso de trabajo. El estrés se desencadena cuando las personas no encuentran opción para responder a un factor estresante conforme a su patrón óptimo de respuesta psicológica y fisiológica. En cambio, cuando la persona tiene recursos para satisfacer adecuadamente altas demandas el trabajo resulta motivador y se pueden alcanzar altas cotas de rendimiento. Pero cuando las demandas son pocas se puede producir desmotivación, e incluso pérdida de competencia profesional si además el trabajador tiene poco control sobre la tarea.

El apoyo social ayuda a la persona a afrontar las dificultades cotidianas, logrando que se sienta mejor y se vuelva más resiliente, que ejerza más control sobre la tarea y que disminuyan sus niveles de estrés. El apoyo social tiene efectos útiles tanto en quienes lo reciben como en quienes lo proporcionan, porque produce una sensación positiva en la persona que le ayuda a mantenerse saludable, a aumentar su autoestima y a desarrollar un comportamiento solidario. Para que el apoyo social sea efectivo no es suficiente con que se materialice, sino que además la persona que lo recibe tiene que saber que puede recurrir a él cuando lo necesite y debe basarse en unas relaciones personales de calidad.

Otros condicionantes del estrés tienen que ver con el desarrollo de la persona como ser racional. Las personas se sienten motivadas cuando tienen necesidades insatisfechas y el estrés surge cuando no se satisfacen conforme a sus expectativas. Para que la persona se desarrolle equilibradamente se deben satisfacer las necesidades básicas antes de considerar las de los niveles superiores:

1. Necesidades fisiológicas básicas: en la base están las necesidades básicas para la supervivencia, como el aire, alimento, agua y abrigo.

2. Necesidades de seguridad básica: un ambiente seguro, no amenazante y saludable, que incluya seguridad personal y estabilidad económica.

3. Necesidades sociales: compañía, amistad y aceptación de los demás. Ser parte de un grupo o un equipo en el trabajo.

4. Necesidades de estima: la necesidad de un sentido del control y tener capacidad de ejercer poder, que influyen en la autoestima. La necesidad de aprecio, reconocimiento y respeto de los demás.

5. Autorrealización: necesidad de desarrollar las potencialidades por medio de oportunidades de aprendizaje y creatividad, que permiten sentirse conectado con el propio entorno.

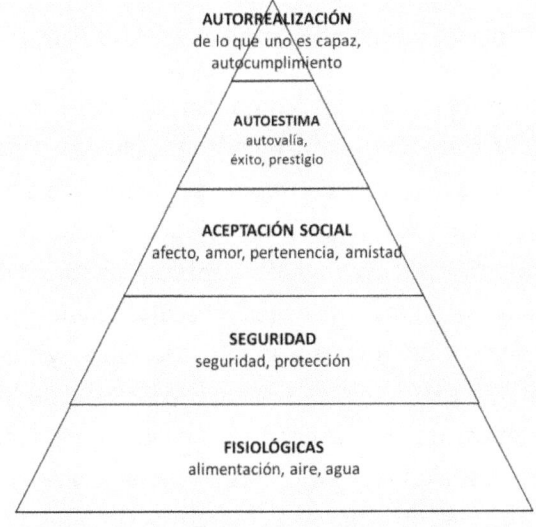

7 Pirámide de Maslow: jerarquía de necesidades

En consecuencia es razonable que si una persona siente en su trabajo que no reúne las condiciones de seguridad y salud necesarias (nivel básico de seguridad) difícilmente va a tener una buena relación con sus superiores ni se integrará realmente en la organización (nivel de aceptación social) y su motivación y compromiso serán bajos.

Así que conocer qué motiva a los demás y qué los frustra es importante para identificar las fuentes del estrés. Las necesidades de las personas dependen de su propio criterio, de lo que ellas crean que necesitan en ese contexto. Una persona puede estar satisfecha con un despacho de 5 metros cuadrados sin luz natural, pero puede ser que si la trasladan a otro edificio y allí las demás personas disponen de despachos de mayor tamaño y con luz natural se sienta insatisfecho en su nueva ubicación, por más que lo único que haya cambiado sea eso, la ubicación. Por consiguiente, es muy importante cómo piensa la persona acerca de sus necesidades; sus creencias son determinantes.

Trastornos músculo-esqueléticos

En la UE los trastornos de salud relacionados con el trabajo más comunes son los trastornos musculoesqueléticos y representaron el 59 por ciento de todas las enfermedades profesionales reconocidas (Estadísticas Europeas sobre Enfermedades Profesionales en 2005).

Diferentes estresores laborales como las presiones de tiempo, las cuotas de producción, el trabajo monótono, la escasa posibilidad de decisión, o una elevada carga de trabajo autopercibida son predictores importantes de trastornos musculoesqueléticos. Numerosas evidencias demuestran que la relación que los aspectos psicosociales laborales tienen una relación con los trastornos musculoesqueléticos similar a la que existe entre los estresores psicosociales y las dolencias psicosomáticas. El estrés es el principal causante de las dolencias musculoesqueléticas de la zona cervical y los hombros, también explica las dolencias de espalda casi en la misma medida que los factores de carga física y se relaciona con el aumento la sintomatología y signos físicos de enfermedad en los miembros superiores. Esto es así porque los factores psicosociales aumentan la carga mecánica a través de diversos mecanismos:

- Los factores psicosociales modifican las exigencias ergonómicas a través de cambios posturales, movimientos y fuerzas ejercidas (la presión del tiempo puede incrementar el ritmo, los movimientos rápidos y la repetitividad, con altas aceleraciones y posturas deficientes, y como consecuencia, aumento de la tensión y los síntomas músculo-esqueléticos)
- El estrés aumenta la fatiga física o el desarrollo de síntomas musculoesqueléticos porque aumenta el tono muscular, la sobrecarga estática de los músculos
- El estrés aumenta la percepción de los síntomas o reduce la capacidad para afrontarlos, de manera que se pueden manifestar los síntomas más claramente cuando se realizan tareas rutinarias que cuando se realizan otras con mayor interés

Otros trastornos psicológicos

Los síntomas depresivos, agotamiento o fatiga psicológica, insatisfacción laboral, consumo de píldoras y absentismo que se producen en trabajos con altas demandas y poco control son algunos de los síntomas que evidencian el poco bienestar psicológico en los trabajos. No obstante, hay diferencias según los requerimientos psicológicos de la tarea: las tareas más exigentes que realizan habitualmente los directivos, ejecutivos y profesionales cualificados y que incluyen aspectos como tareas conflictivas, sobrecarga de trabajo, conflicto de roles y elevado ritmo, producen con frecuencia síntomas de cansancio y sensación de estrés, y son un factor de riesgo para futuros trastornos; en cambio, las personas que realizan tareas de menores exigencias psicológicas en las que hay pocas opciones de tomar decisiones presentan con mucha frecuencia síntomas más serios como depresión, pérdida de autoestima y enfermedad física.

Oportunidades de mejora

Para evitar que se desencadene estrés hay que atacar su causa raíz, pero sucede que esta es múltiple y además no siempre es posible eliminar todos los factores de riesgo. En consecuencia debemos dirigir las acciones a eliminar tantas causas en el lugar de trabajo como sea posible, en el marco de una actuación estratégica que aborde las principales causas y soluciones para el estrés en la organización que, como hemos visto, en su mayor parte están relacionadas con la carga, el contenido y el diseño del trabajo, aunque también con la especial sensibilidad de cada individuo. Entre otras opciones están las siguientes:

- Podemos actuar para dar a los trabajadores más control sobre el trabajo, permitiendo que participen en la organización del trabajo, por ejemplo mediante su opinión, y haciendo que la carga de trabajo, los horarios y lo plazos sean predecibles y razonables. En este sentido la organización y gestión del trabajo a través de equipos de trabajo pueden aportar un gran valor a las organizaciones en términos de mejora de las condiciones de trabajo y de productividad. La formación y desarrollo de equipos de trabajo es, pues, clave.

- Podemos mejorar el clima social para que surja el apoyo social facilitando el contacto social entre los trabajadores, fomentando la ausencia de violencia en el trabajo (actitudes y comentarios discriminatorios por sexo, procedencia...), asegurando relaciones de apoyo entre trabajadores y supervisores, reforzando la motivación mediante información sobre aspectos positivos y útiles del trabajo, facilitando el intercambio de opiniones sobre el desempeño del trabajo y sobre la conciliación familiar, proporcionando una organización del trabajo en la que se asuman responsabilidades compartidas. Promover un clima laboral que aporte seguridad a las personas para que se sientan libres y motivadas para expresar su opinión y aportar mejoras es fundamental. Atender la comunicación entre las personas es por eso trascendente para la organización. En este sentido se debería pensar tanto en los procesos y procedimientos que la organización puede establecer como en la habilidad de los individuos para comunicarse consigo mismos (qué pienso y cómo lo pienso, qué siento, cómo afecta esto a mis acciones y cuál es el resultado de todo ello) y con otras personas

- Podemos mejorar la correspondencia entre el trabajo y la persona que ha de realizarlo, identificando los requisitos en conocimientos, habilidades del puesto y contrastándolos con los de las personas para seleccionar a las personas que mejor encajen, para definir las acciones que mejoren la competencia profesional y previendo e informando de sus posibilidades de progreso de cada persona. La identificación de competencias en el puesto y la evaluación de su desempeño juegan, consecuentemente, un importante papel.

- Podemos actuar para mejorar la previsibilidad y equidad en la organización, asegurándonos que las tareas están claramente definidas, asignando específicamente roles para evitar conflictos y ambigüedades, articulando procedimientos transparentes y justos para atender las quejas y sugerencias.

Y sobre todo, ya que las organizaciones están formadas por personas, podemos abordar los riesgos psicosociales con una actuación integradora desde la doble perspectiva de las organizaciones (condiciones de trabajo) y de las personas (vulnerabilidad individual), pues son las personas y las relaciones entre ellas las que, en esencia, configuran y definen la organización.. Algunas medidas que tienen un efecto protector de la salud mental y reducen el absentismo de corta duración por motivos psicológicos son un apoyo social adecuado, la variedad en el trabajo y la oportunidad de utilizar las propias capacidades. En consecuencia, prestar atención a relaciones interpersonales, mejorar la comunicación, facilitar la participación en la organización del trabajo, mejorar las competencias profesionales y fomentar la asunción de responsabilidades para facilitar la toma de decisiones sobre las tareas conducirán a un aumento general de la productividad.

Como acabamos de apuntar, una organización se estructura en torno a las personas que la dirigen y se comporta conforme a las personas que trabajan en ella. Así que puede ser útil, en ese sentido, primero comprender cómo piensan, toman decisiones, actúan y aprenden las personas y también cómo lo hacen las organizaciones. Luego utilizar las estrategias y procesos cognitivos para superar las barreras que dificultan el aprendizaje organizativo, causantes de desempeños poco eficientes, daños a la salud (psicosociales, musculoesqueléticos) y finalmente pérdida de competitividad.

Indudablemente la organización debe adaptar el trabajo a la persona, proporcionando unas condiciones laborales que cuiden la salud de las personas y les proporcionen seguridad. Pero en realidad sucede que es necesaria una cierta estandarización de las condiciones de trabajo y que es difícil que ésta pueda atender las particularidades de la gran variabilidad de personalidades. Todos conocemos casos en los que frente a una misma situación dos personas se comportan de forma distinta, pues les afecta de forma distinta; si una persona genera estrés y la otra no, ¿cuál es la causa probable?, ¿dónde es más conveniente actuar para solucionar el problema? Las cosas están ahora como están, y probablemente en muchos casos sean mejorables, así que conviene ser pragmáticos y mejorar las condiciones laborales y también mejorar los procesos mentales que llevan a las personas a sentir y actuar como lo hacen. De esta forma, ayudando a las personas ayudamos a la organización. Hasta ahora son pocas las organizaciones que han afrontado esta realidad, porque se ha sobreentendido que las intervenciones psicosociales individualizadas eran complejas, eran y de escasas garantías. Pero, ¿es eso cierto?, ¿Qué estrategias y técnicas se han usado hasta ahora? A lo largo de las siguientes páginas explicaremos razonadamente qué estrategias y técnicas se pueden utilizar en adelante y en qué basan su eficiencia.

¿Qué carencias impiden a las personas que se desenvuelvan con éxito? Para responder a esta pregunta antes hemos de saber qué necesitan las personas para desenvolverse con éxito; leer, escribir, realizar operaciones matemáticas, dominar técnicas y habilidades profesionales específicas, todo esto lo aprendemos porque el sistema de formación lo ha previsto y lo atiende. En cambio, habilidades de cuestionamiento, de reflexión, de comunicación verbal y no verbal, técnicas que nos permitan conocer los procesos inconscientes que condicionan nuestros juicios y actos o habilidades de relación interpersonal, entre otras, son rara vez atendidas, por más que sean las responsables en mayor medida del éxito de las personas y las organizaciones. De hecho, en un estudio realizado en empresas de selección de personal se ha puesto de manifiesto que las competencias blancas como las habilidades de comunicación y trabajo en equipo son las más demandadas por los empleadores, por encima de las de gestión, de las técnicas y de las de liderazgo.

Y esta es en realidad la bisagra que articula y une la SST con la gestión de la organización. Y ya puesto que las personas y/u organizaciones con éxito han de ser saludables, ¿cuál es la forma más útil en la que pueden actuar para tener éxito? Y más allá, ¿cuál es la forma en la que una persona y/u organización puede pensar para actuar así?, ¿qué información necesito disponer para pensar?, ¿qué otra información sería más útil?, ¿cómo pienso acerca de esa información?, ¿qué otra forma de pensar acerca de esa información me resultaría más útil?

Conforme a esta visión sistémica deberíamos incluir en la evaluación de riesgos generales de la organización los relativos a sus procesos de comunicación, aprendizaje y acción. Ya sabemos que lo que no se ve no existe y en consecuencia no se atiende.

El origen de los problemas radica a priori en las características de la organización del trabajo. En este sentido, y prescindiendo de consideraciones acerca de la posibilidad de atender todas las especificidades personales, puede ser interesante responder algunas preguntas: ¿por qué está el trabajo organizado así? y además, ¿para qué está el trabajo organizado así? Probablemente las respuestas sean distintas según qué persona las conteste. Así que la forma en la que la organización del trabajo afecta a las personas depende del grado en que quienes realizan el trabajo conocen y comparten los criterios de quien lo ha diseñado. Y cuándo hablamos de conocer y compartir nos referimos, consecuentemente, a procesos de comunicación y de aprendizaje; y también a las habilidades necesarias para que estos procesos sean eficientes.

En resumen, el origen del problema está más allá de la organización del trabajo y se encuentra en los procesos de pensamiento de quien los diseña así como en sus habilidades de comunicación. Es decir, en las causas básicas del daño a la salud siempre aparecen la situación de riesgo y los comportamientos inseguros. Las situaciones de riesgo se producen porque el comportamiento de quienes las diseñan y controlan es inseguro; el comportamiento al que nos referimos aquí es un "comportamiento intelectual", que casi siempre es inconsciente; es decir, ¿qué pensamientos han provocado que cierto diseño o control generen una situación de riesgo?

La buena noticia en todo esto es que el comportamiento se aprende. Ahora, la solución en ambos casos (situaciones de riesgo y comportamientos inseguros) es la formación. La cuestión es que además de invertir en formación hay que saber rentabilizarla. Necesitamos una formación que vaya más allá de la formación tradicional. Necesitamos una formación que capacite a las personas para comprender los esquemas mentales que condicionan sus pensamientos, decisiones, acciones y sentimientos. Necesitamos la metaformación que proporciona las habilidades de comunicación intra e interpersonal necesarias para aprender a aprender. Y luego necesitamos comprobar mediante la evaluación de resultados en el desempeño la eficacia de esta metaformación, de forma que podamos evaluar su eficiencia, aprender de la experiencia y mejorarla.

¿Qué pasa y qué haré?

Los valores de la organización son incongruentes con los del individuo

Las motivaciones de acción se usan inconscientemente

Remplazaré **MOTIVACIONES** de acción inconscientes por otras **CONSCIENTES Y COHERENTES** con los **VALORES**

Este hecho generalizado tiene sus manifestaciones particulares en cada caso, así que las medidas deberán ser de fácil aplicación, sencillas en su comprensión, no generalistas sino hechas a medida, ajustadas al contexto, realistas, programadas y programables. Y por supuesto debemos priorizar la protección del colectivo frente a actuaciones personalizadas. Por tanto se necesita una estrategia de intervención que alcance a todas las personas de la organización, que sea aplicable a cualquier organización y que además esté diseñada para adaptarse a la particularidad de cada caso mediante el empleo de herramientas específicas. Por añadidura debes ser económicamente abordable y también eficiente, o sea, que tanto el coste como el retorno de la inversión sean razonables. ¿Es ésto posible? En nuestra opinión, sí.

¿Qué necesitan las organizaciones?

META

Que las **personas quieran comportarse** como la **organización necesita**

• Pensar, decidir y tener **comportamientos útiles** que generen **sentimientos agradables**

FORMACIÓN PARA

Aflorar la **consciencia** y la **coherencia**

Reflexión, comunicación, desempeño

• Habilidades de cuestionamiento
• Habilidades de comunicación (verb y no verb)
• Evaluación del resultado

3. INTEGRACIÓN DE LA SST EN LOS SISTEMAS DE GESTIÓN

Recientemente había en un parque urbano un gran árbol caído sobre el césped. El árbol, de varios cientos de kilos de peso, aún verde, aparentemente sano, estaba partido por su base y había caído sobre el césped, justo en un lugar donde con frecuencia se sienta la gente. El árbol estaba señalizado para que los servicios de jardinería del parque lo desmantelasen y retirasen.

A la vista de esa imagen, , surgen algunas preguntas: cuándo existe un riesgo potencial para los trabajadores de base, ¿identifican automáticamente este riesgo?, ¿cómo actúan éstos para evitar que se materialice el daño ahora y en el futuro?, ¿cómo actúa la empresa gestora del parque para detectar riesgos potenciales e impedir que se materialicen? Lo que suscita esta inquietud es saber en qué grado la PRL está integrada en la gestión del parque. Las dos primeras preguntas se refieren a la integración de la PRL en la realización de las tareas; la última pregunta nos habla acerca de la integración de la PRL en la gestión. Como cualquiera puede imaginar, ambas son complementarias, de forma que una sin la otra proporcionan un nivel de seguridad y salud insuficiente y por tanto mejorable: de nada sirve que las personas actuemos correctamente si la organización para la que trabajamos no establece los mecanismos para que nuestro comportamiento produzca un aprendizaje en la organización y que sirva para lograr mayores niveles de seguridad y salud ahora y en el futuro.

Integración de los Sistemas de Gestión

El modelo empresarial surgido en los últimos años necesita sistemas de gestión ágiles que permitan controlar de forma sistemática los procesos y actividades de la empresa, con la participación e implicación de todos los trabajadores para lograr los resultados previstos. Para lograr resultados económicos y de productividad sostenibles resulta imprescindible atender también la satisfacción de los trabajadores, de los clientes y del entorno social en el que desarrolla su actividad la organización. Por eso, los aspectos de seguridad y salud en el trabajo, de prevención de daños medioambientales y de calidad del producto o servicio ofrecido son indisociables.

Integrar significa hacer que las partes pasen a formar una unidad. Aplicado a la gestión de las organizaciones, la integración de los sistemas de gestión supone que los objetivos de calidad, medio ambiente y seguridad y salud están unidos, son indisociables. Por eso en un sistema de gestión integrada, el máximo responsable de la organización asumirá que la prevención de riesgos laborales debe realizarse de forma permanente, en todas y cada una de las actividades y en todos y cada uno de los niveles jerárquicos. Los sistemas de gestión evolucionaron a partir del concepto de control hasta el concepto de garantía; de esta forma se avanzó desde comportamientos reactivos de supervisión y control a comportamientos proactivos de aprendizaje continuo para propiciar que las organizaciones logren los mejores resultados que puedan esperar.

La integración documental de los Sistemas de Gestión (SG) parece sencilla pero su integración real va más allá del papel. Existen algunas dificultades para la implantación eficaz de los sistemas de gestión.

La propia concepción de los sistemas de gestión es contradictoria y supone en la práctica una barrera inconsciente para que las personas que han de ponerlos en práctica lo hagan con eficacia. Los sistemas de gestión son y promueven la adopción de procedimientos para lograr la mejora continua. Esta cuestión tiene gran importancia debido a que hay actitudes de las personas respecto de su motivación, y son opuestas: algunas personas se motivan por los procedimientos, son felices siguiendo los pasos establecidos una y otra vez, y en contraposición otras creen que siempre hay una manera mejor de hacer las cosas y se motivan por buscar alternativas, opciones, oportunidades.

Debido a esto los sistemas de gestión resultan paradójicos, pues por un lado, la orientación hacia procedimientos genera comportamientos estáticos en las personas y aprendizajes simples, repetición de comportamientos que tienden a estabilizar el sistema. Por otro lado el objetivo de mejora continua promueve comportamientos dinámicos en las personas y aprendizajes dobles que logran modificar el sistema para adaptarlo. Esta incongruencia en la que al mismo tiempo que se premia la salvaguarda de los procedimientos se pretende generar comportamientos flexibles que sirvan para cambiar lo establecido, es en parte la responsable de la ineficacia de muchos sistemas de gestión, que más que una herramienta de aprendizaje son una justificación documental que sirve a otros propósitos.

A esta barrera inconsciente hay que añadir otras resistencias derivadas muchas veces del clima laboral (rechazo a las imposiciones, incomprensión de los objetivos…) que se manifiestan en la actitud de las personas. Es frecuente en muchas organizaciones, aunque innecesario, tener normas sin sentido y una burocracia absurda. Cualquier organización excepcional depende, ante todo, de que tenga personas autodirigidas y automotivadas. Cuando las personas que ocupan puestos clave no lo están, se instituyen procedimientos burocráticos para compensar sus insuficiencias; esto a su vez aleja a las personas competentes porque les irrita la burocracia y no toleran trabajar con personas incompetentes, lo que favorece que haya más burocracia en un círculo vicioso que limita el aprendizaje y nos aleja de la excelencia.

La actitud de las personas está muy relacionada con sus emociones (inseguridades, temor al fracaso o la opinión de los demás…) y con cómo piensa lo que piensa. Por eso consideramos que para que se produzca una integración real de los SG es fundamental trabajar las actitudes de las personas en la Organización. Creemos firmemente que la PRL puede actuar como punto de palanca para este cambio deseado, poniendo en práctica la estrategia adecuada. En las siguientes páginas abordamos con más detalle las distintas causas entrelazadas que conjuntamente explican el porqué y el cómo, de la que puede ser un ejemplo la que proponemos más adelante y esbozamos un ejemplo de intervención estratégica en este sentido.

Integración de la SST

Por la mañana, recién despertado pero aún dormido, alguien se da una ducha. Durante varias décadas ha conseguido ducharse sin achicharrarse con el agua, sin quedarse aterido bajo la ducha helada y sin mojar el pijama. De alguna forma, aún sin ser plenamente consciente, es capaz en tan abotargadas condiciones de quitarse la ropa, abrir el grifo, esperar unos segundos y probar la temperatura antes de entrar bajo el chorro de agua.

Cuando uno se para a pensar sobre el proceso anterior, se da cuenta de que el proceso de pensamiento y acción es sólo uno e inconsciente: "me voy a dar una ducha". Pero en realidad la persona ha realizado tres cometidos y lo ha hecho de forma simultánea e indistinta: 1-ha utilizado la ducha para despertarse y asearse, 2-ha evitado pasar frío y quemarse con el agua y 3- ha evitado inutilizar la ropa que llevo puesta. El resultado de unificar estas tres tareas y realizarlas con conciencia única ha sido que ha ganado en eficacia y saldrá puntual de casa, puesto que ha conseguido el propósito original de despertar y asearse sin sufrir físicamente y evitando daños a su vestuario. Como además ha planificado cada uno de los pasos para hacerlos integrarlos en sus rutinas, resulta que la temperatura del agua estaba previamente regulada en el termostato del monomando, que disponía de los botes de gel y champú a mano y estaban llenos, tiene el albornoz colgado de forma que lo alcanza una vez terminada la ducha sin gotear el suelo, y todo ello facilita terminar la ducha con rapidez y genera buen estado de ánimo. Ha cumplido su primera tarea del día eficientemente, con éxito, y sin daños colaterales. Además, en todo el proceso, han intervenido varios factores: ha valorado la necesidad y conveniencia cada acción. Si no se ducha los efectos del mal olor corporal pueden tener consecuencias en el trabajo, en el supermercado, en casa... lo que a su vez le producirá sentimientos desagradables. Así que, esa persona se esfuerza en vencer la desgana, hace acopio de voluntad y se da una buena ducha. Lo mejor es que después de la ducha tiene la grata sensación de que el esfuerzo ha merecido la pena. Lo que ha sucedido en realidad es que sacar a la luz la utilidad -los valores- de esa acción y alinearlos con los suyos le ha motivado lo suficiente para vencer las resistencias y con su mejor voluntad hacer algo que, a priori, no le seducía; cuando finalmente comprueba que el resultado es altamente satisfactorio, se siente feliz por haber tomado la decisión, confiado en que es capaz de romper la pereza, en definitiva reforzado por el logro. Sale por la puerta y afronta la jornada con un ánimo como para comerse el mundo, cargado de energía positiva, imaginando ya el buen día que disfrutará.

El resultado hubiera sido menos exitoso, menos eficiente, si no hubiera integrado las tres actividades en una. ¿Cuánto tiempo ahorra por haber adquirido un termostato-monomando en lugar un grifo normal?, ¿y cuántos "sustos" con la temperatura del agua?, ¿cuántos golpes en el codo contra la pared al retirar la mano rápidamente porque al probar el agua siente que está muy caliente?, ¿cuánto tiempo ahorra al evitar recoger el agua que ha goteado mientras tanteaba buscando el albornoz?, ¿cuánto estrés evita al haber ahorrado este tiempo?, ¿cuántos errores en otras actividades evita al carecer de estrés?, ¿en qué medida es responsable el buen ánimo con el que termina la ducha del éxito de las demás tareas que emprende: hacer el desayuno, saludar a los vecinos en la escalera —y recibir su sonrisa de vuelta- ,…?

Vaya, parece que con una ducha bien acondicionada y con la decisión de afrontarla con buen ánimo, todo empieza bien.

En esto consiste la integración de la prevención, en realizar prevención de riesgos al tiempo que se realizan las actividades productivas propias del puesto. En considerar la misma cosa la producción y la prevención. Por eso integrar la prevención en la producción resulta en mejora de la eficiencia, porque no se utilizan recursos para dos actividades distintas, si no que los recursos se utilizarán conjunta e indistintamente para el único fin posible: hacer las cosas y hacerlas de forma segura y saludable.

En muchas organizaciones se realiza prevención de riesgos laborales sin integrarla eficazmente en el resto actividades de la empresa. Como además nos estamos desenvolviendo desde hace tiempo en una profunda crisis sistémica, parece que el futuro de la prevención es aún más negro, parece que es ineludible el empeoramiento de las condiciones de seguridad y salud por los necesarios reajustes, la escasez de recursos y el aumento de la competencia en el mercado. Además, son frecuentes las disensiones entre distintas áreas de negocio y distintas unidades organizacionales (prevención-producción, compras-producción…), cada una con sus objetivos particulares.

Pero hay una excelente noticia; estas duras condiciones tienen en sí mismo una enorme ventaja para las organizaciones que sepan sacarle partido: podemos aprovechar la oportunidad que se nos ofrece para compartir y organizar los recursos necesarios para el único fin de la empresa: permanecer en el mercado, mejorando su competitividad para adaptarse a los cambiantes requerimientos.

Podemos transformar la debilidad de la coyuntura actual en una fortaleza y ganar en competitividad al tiempo que optimizamos recursos. Ya disponemos de sistemas de gestión, ya hemos acometido en muchos casos la restructuración de funciones necesaria, prescindiendo en ocasiones de parte de las tareas de inspección y control. Y con frecuencia lo que queda es menos recursos, más frustración, más insatisfacción y más inseguridad. Bueno, pues como la parte más dura ya está hecha, ahora queda lo menos traumático. Ahora hace falta reordenar lo que tenemos para que ganar eficiencia, aumentando la seguridad, la responsabilidad y el compromiso de las personas. Tenemos que desaprender parte de lo anterior para aprender otra forma distinta de hacer las cosas, con menos recursos y más autonomía.

La bicicleta con la que aquel niño aprendió a montar era una BH de color rojo. Su padre le atornilló sendos ruedines a los lados. Así, mientras el chico pedaleaba y aprendía, e iba cada vez más rápido, su padre podía distraerse y dedicarse a cuidar a sus otros hijos o a pensar en sus cosas tranquilamente. Era muy difícil que se cayera de la bici, con aquellas dos pequeñas ruedas que soportaban sus desequilibrios, corregían sus inseguridades y evitaban que cayera. Más adelante, llegó el momento en que hubo de quitar los ruedines y montar en bici se volvió peligroso, con riesgo creciente de caer, sobre todo cuando desapareció el segundo de los ruedines. El pequeño tenía mucho miedo, y no comprendía por qué su padre había hecho aquello, por qué se lo ponía tan difícil, por qué se empeñaba además, en que cogiera velocidad y dejaba de sujetarle por el sillín dejándole sólo; incluso se enrabietaba por la aparente desatención. El padre venció su temor con confianza, y trató las rabietas con paciente amor. Aquel niño rápidamente aprendió a pedalear sólo, ganó en confianza, y en poco tiempo su padre le encontró suficientemente seguro y responsable como para permitirle montar en bici sólo, lejos de su vista. Aquel niño fue más feliz y su padre pudo dedicar su esfuerzo a otras cosas necesarias.

La autonomía conlleva responsabilidad y ambas junto con el compromiso son aliadas de la eficiencia. Autonomía, responsabilidad y compromiso, amigas de la eficiencia, avanzan en un ciclo que frecuentemente conducirá al éxito. Uno de los riesgos de la autonomía es la desconexión. Por eso es preciso establecer una comunicación eficaz para evitar que esta autonomía no estrangule la oportunidad de mejora por inconexión o incomprensión. Debemos establecer las estrategias, procedimientos y canales de comunicación adecuados y entrenar a las personas para que los utilicen eficazmente; esto incluye, además, entrenar a las personas en la organización para evitar que sean víctimas de las barreras organizacionales que impiden el aprendizaje mediante la ocultación de las oportunidades de mejora. En caso contrario será su propia incompetencia hábil la que frustre los esfuerzos invertidos.

Barreras para el aprendizaje organizacional

Una organización competitiva, que avanza, es una organización que aprende. Así que limitar el aprendizaje de la organización es limitar su competitividad. Por sorprendente que pueda parecer muchas organizaciones se autosabotean limitando hábilmente su aprendizaje. Es normal que las organizaciones, en algún momento de su evolución, atraviesen etapas en las que, a pesar del esfuerzo invertido en ello, no consiguen avanzar adecuadamente hacia sus objetivos. Esta habilidad para demostrar incompetencia en el logro se ha llamado incompetencia hábil. Una vez que conozcamos las causas de la incompetencia hábil podremos superarla para lograr una competencia hábil más duradera y hacer nuestra organización más competitiva.

Igual que las personas tienen hábitos de conducta, las organizaciones tienen procedimientos que estandarizan las actuaciones. En ambos casos, hábitos y procedimientos, lo que condiciona su utilidad son los programas (modelos teóricos) que subyacen y que dirigen los pensamientos y las acciones. Por un lado están los programas maestro de dirección, que son los modelos teóricos que indican los resultados esperados de las acciones en base a unos objetivos definidos; por otro lado están los programas maestro de acción, que son los modelos de pensamiento que hay bajo las acciones que se ejecutan realmente.

En base a lo anterior, se determinan dos causas para la incompetencia hábil, una relacionada con las incongruencias entre los programas y las acciones, y la otra relacionada con los esquemas mentales (las creencias) que subyacen.

En primer lugar, la incongruencia entre los programas maestro de dirección, el programa maestro de acción y las acciones realmente ejecutadas generan rutinas defensivas que actúan en contra del objetivo deseado; es decir, cuando hay discrepancias entre lo que debo hacer, lo que querría hacer y lo que realmente hago, entonces se generan hábitos que, con la finalidad de proteger a las personas implicadas, ocultan las deficiencias y dificultan alcanzar los objetivos. Por ejemplo, imaginemos una empresa que tiene implantado un sistema de gestión de la prevención basado en el ciclo de mejora continua, es decir, basado en aprender de los errores (no conformidades) y poner en práctica mejoras para que no vuelvan a suceder. Imaginemos que la alguien de la jerarquía en la organización suele tomar algún tipo de represalia (broncas, amonestaciones, malas caras, comentarios inadecuados, pérdida de bonus...) cuando se ponen de manifiesto los errores o, simplemente, imaginemos que la política de la organización es tener, en los informes de auditoría, cuantas menos no conformidades mejor. Entonces es probable que la empresa cometa errores que quedarán ocultos y que las personas se esfuercen poco en detectar errores, sean poco rigurosos con los informes o los falseen.

En segundo lugar, ambos programas maestro están cimentados en las creencias que configuran nuestro mapa del mundo y estas creencias pueden ser limitantes. Siguiendo con el ejemplo anterior, estas personas que han sido negligentes en su tarea ocultarán que esto ha sucedido porque creen que así evitarán consecuencias negativas para ellos. Y si es un compañero el que ha sido negligente le encubriremos, porque creemos que si le decimos algo nos abroncará, nos pondrá mala cara, nos hará algún comentario inadecuado... Incluso es muy posible que argumentemos que no conviene poner en evidencia que el sistema de gestión de calidad funciona mal, porque pensamos que el jefe se sentirá ofendido y, además, pensamos que nosotros no tenemos la culpa sino que es el propio sistema el que no funciona bien, es la empresa la que funciona así, y en nuestra opinión no podemos hacer nada para cambiarlo. El resultado es que la empresa no funciona como debería, el sistema de gestión no sirve para lo que debería y las personas no hacen lo que deberían. Todos giran en una espiral perniciosa, sufren y se resienten.

Así es como la organización, al desarrollarse como estructura y privilegiar a ésta por encima de los procesos, tiende a establecer parámetros y límites estrictos en el comportamiento que se espera de parte de sus miembros. Y de esta forma las organizaciones dificultan la auto-realización de las personas que la integran. Así que para poder superar estas incongruencias muchas veces dentro de las organizaciones se desarrolla y crece la organización informal (los papeles están sólo para demostrar que se dispone de ellos pero se funciona al margen, los procedimientos no se siguen, los documentos se falsean, las decisiones se toman a escondidas, abundan los chismes, los comportamientos son censurables y se hace la vista gorda,...). Para lidiar con esta situación es fundamental poner el foco en los procesos de aprendizaje tanto a nivel individual como grupal y organizacional, tal como veremos a continuación.

Hay dos modelos de aprendizaje, el aprendizaje simple que mantiene el sistema estable y el aprendizaje doble que genera aprendizaje y avance del sistema. Las personas suelen funcionar bajo un modelo de aprendizaje simple donde buscan tener un mayor grado de control, donde no se habla abiertamente de los problemas, y en esta situación donde se intenta dar "conformidad" al superior en la jerarquía, las posibilidades de mayor eficiencia se ven fuertemente limitadas. En cambio, el aprendizaje doble permite contar con mayor información como resultado de que la comunicación es abierta entre las partes lo que a su vez permite iniciar acciones, en un contexto de seguridad, en base a información veraz.

Auspiciados por un clima de confianza se pueden incluir dentro de su propio equipo a personas altamente competentes en materia de conocimientos y experiencia que han de hacer seguramente contribuciones con alto valor agregado. El ciclo de este mecanismo se cierra al permitir que exista entre las distintas partes involucradas un mayor grado de compromiso.

El reto de ayudar a las personas que operan bajo el modelo de aprendizaje simple (ineficiente), para que puedan de allí adelante funcionar con el modelo de aprendizaje doble (generativo, eficiente) puede ser más trabajoso cuando la organización en su conjunto, y hasta su propia cultura organizacional, opera bajo el modelo simple. Por eso es importante en estos casos que el desarrollo de las competencias interpersonales típico de la evolución hacia el modelo generativo venga acompañado por un cambio en la cultura organizacional, que ha de ser soportado y sustentado en nuevos valores.

Rutinas defensivas

Una rutina defensiva es cualquier política o acción que protege a los individuos, los grupos y las organizaciones de sufrir situaciones incómodas o peligrosas y, al mismo tiempo, impide a los actores identificar y reducir las causas de tales situaciones. Con frecuencia se detectan rutinas defensivas en las organizaciones que bien les dificultan avanzar, bien se lo impiden o incluso pueden hacerlas retroceder; en el primer caso, la organización tendrá dificultades en adaptarse al entorno cambiante, poniendo en riesgo su pervivencia y en los otros dos casos su pervivencia estará gravemente amenazada porque la única forma de avanzar, o al menos permanecer, en un entorno en movimiento es moverse con él.

Las rutinas defensivas en las organizaciones son causadas por un proceso circular autorreforzado en el que el programa maestro de acción produce estrategias individuales de elusión y ocultamiento, que dan por resultado elusiones y ocultamientos a nivel de la organización, y que refuerzan el programa maestro de acción de las personas: las personas realizan acciones que no son efectivas para en los objetivos y metas de la organización, incluso son incoherentes con ellos (me despreocupo de las no conformidades menores); para que estas acciones sean efectivas deben ser ocultadas al hacerlas y en muchos casos los encubrimientos deben ser encubiertos (mi compañero lo sabe pero no dice nada y hasta mira para otro lado para no enterarse), pues así no se pueden cuestionar ni las acciones ni su cuestionabilidad; las personas receptoras de las acciones deben ser cómplices (mi jefe, como mi compañero, ni se entera ni quiere), así que cuando descubren la ocultación aprenden a actuar como si no lo hubieran hecho; y estas estrategias persisten debido a que las normas de la organización las sancionan y las protegen (cuantas menos no conformidades mejor). Una vez ocurrido esto resulta racional hacer responsable de los hábitos a la organización (es el sistema y la organización los que no funcionan).

El aprendizaje se da cuando se detectan y se corrigen los errores. Hay dos maneras de corregir errores: una es cambiar de conducta y otra es cambiar el programa subyacente o programa maestro. Pero si las acciones cambian sin cambiar el programa maestro la corrección fracasará, ya sea de forma inmediata o a largo plazo.

Hay dos tipos de programas maestros: el primero abarca las creencias, comportamientos y valores que los individuos defienden, es el programa maestro de dirección: la misión, visión y valores de la organización. El segundo es el de las acciones y comportamientos que ponen en práctica habitualmente, es el programa maestro de acción, las motivaciones de las acciones de las personas. A menudo hay discordancias fundamentales, sistemáticas, entre los dos diseños que los individuos defienden y los que emplean; las personas actúan de forma diferente a como sería deseable porque no se encuentran adecuadamente motivadas y entonces los resultados de la organización se resienten. Normalmente en una organización los programas maestros de dirección, defendidos explícitamente, varían mucho, pero casi no hay diferencias entre programas maestros de acción.

¿Cómo es el autosabotaje?

Políticas o acciones que protegen de situaciones incómodas o peligrosas y simultáneamente impiden a los actores identificar y reducir las causas de tales situaciones

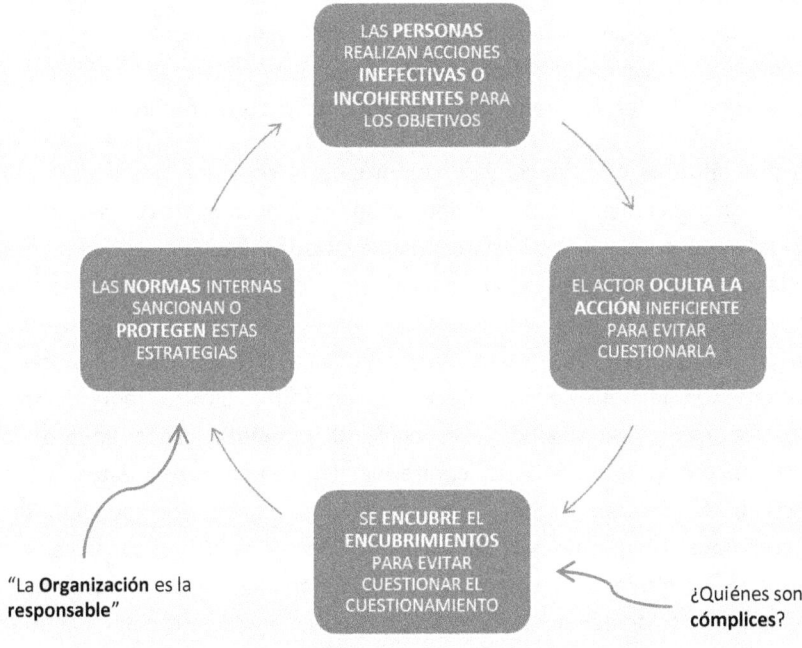

Los individuos crean diseños que les impiden ser conscientes de esas incoherencias que hacen que superar estas rutinas suponga un doble reto. En primer lugar el relativo a la relación directa entre los valores del individuo y los programas maestro de dirección que defiende. La gente suele identificar estos programas maestro de dirección con valores como sensibilidad, solidaridad, integridad, así que el sentido de competencia, confianza y autoestima de las personas depende en gran medida de su programa maestro de dirección; por eso ocultarán inconscientemente cualquier evidencia de incongruencia en sus acciones para preservar así su sentido de competencia, confianza y autoestima. El segundo reto es que los programas maestro de acción están muy interiorizados y se usan tan hábilmente que sólo existen de forma inconsciente. Decimos que una conducta es hábil cuando funciona sin aparente esfuerzo y se produce automáticamente.

El desafío es ayudar a las personas a remplazar los programas maestro de acción inconscientes por otros programas maestro de acción que se utilicen conscientemente y que además sean coherentes con sus programas maestro de dirección. De esta forma los individuos adquieren un nuevo conjunto de capacidades y un nuevo conjunto de valores dominantes.

En la medida en que los individuos utilicen este nuevo programa maestro, comenzarán a desarticular mecanismos defensivos y a crear procesos y sistemas que alienten el aprendizaje doble de maneras que perduren.

Para que aflore la consciencia y se compruebe la coherencia es importante aprender a hacer manifiestas las deducciones y poner a prueba su validez externamente, pues cuando hacemos manifiestas las deducciones nos damos cuenta del proceso de razonamiento. Hay dos tipos de proceso de razonamiento, el defensivo y el generativo. En el razonamiento defensivo las premisas que sostienen sus explicaciones causales y las inferencias son tácitas y los datos son blandos (poco observables en forma directa -por ejemplo conversaciones-) y su significado es difícil de entender, especialmente los individuos con puntos de vista contrarios. Lo contrario son datos duros (observables en forma poco directa) y sus significados pueden ser comprendidos, aunque no necesariamente compartidos por personas con un punto de vista diferente. Las personas con razonamiento defensivo presentan conclusiones y sostienen que son legítimas, pero sin embargo tratan de afirmar que la única manera de ponerlas a prueba es utilizar la lógica de las personas que las produjeron. El razonamiento defensivo se defiende a sí mismo, produce un aprendizaje simple y es sobreprotector.

Por el contrario, cuando las personas utilizan el razonamiento generativo, aportan datos observables en forma relativamente directa para ilustrar la base que hace explícitas las inferencias y desarrollan sus conclusiones de manera que permiten que otros puedan discordar con ellas. El razonamiento generativo es necesario para diseñar e implementar acciones efectivas que produzcan el aprendizaje doble.

Cuando trabajamos para que las personas reemplacen sus programas maestro originales por otros nuevos programas maestro más útiles, les ayudamos a ver que sus procesos de razonamiento son en gran medida defensivos, que inhiben el aprendizaje doble aunque crean lo contrario, y que están ciegos ante esta discrepancia. Entonces a menudo se desconciertan o asustan. Esto hace necesario que las personas expresen sus sentimientos y que los respetemos, porque es nuestra orientación la que los activa. Así que nuestro cometido será utilizar el diálogo para guiar a las personas a explorar las razones de sus sentimientos y la validez de sus puntos de vista.

¿Cómo lo hago?

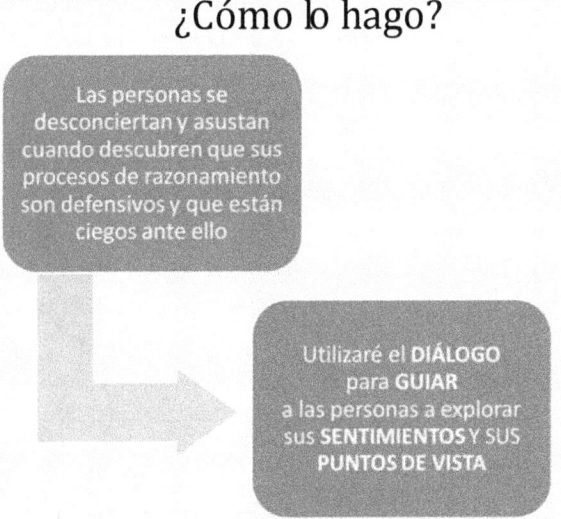

En resumen, las personas diseñan las organizaciones en las que trabajan y crean programas maestro que definen cómo debería comportarse la organización y que condicionan cómo se comportan realmente las personas y la organización que componen. Hay dos tipos de programas maestro, unos más teóricos que la gente informa o escribe y que marcan al dirección deseada, y otros más prácticos que son los que guían las acciones que se ejecutan y que normalmente son inconscientes y responden a los valores y creencias de los individuos. Cuando hay falta de coherencia entre ambos programas maestro, el programa maestro de acción se transforma en defensivo y las personas generan estrategias de ocultación que, con la buena intención inconsciente de proteger sus autoestima y proteger el programa maestro de dirección, ponen en grave riesgo la pervivencia de la organización y con ello la suya propia, en una especie de profecía autocumplida. La solución pasa por hacer que el programa maestro de acción defensivo sea explícito, luego medir la coherencia con el programa maestro de dirección y realizar los ajustes necesarios para transformarlo en un programa maestro de dirección generativo.

Recientemente, en un curso de PRL, un alumno contó el caso de un maquinista que, en una obra, debía trasladar una pieza de varios cientos de kilos de peso a un lugar próximo. La pieza se aseguró convenientemente con un cable al brazo de la grúa y el maquinista, conocedor del riesgo de la operación y de las medidas de seguridad exigibles, dio instrucciones a todo el personal para que se pusiera en lugar seguro. El maquinista dio instrucciones al capataz para que se retirase por que la maniobra entrañaba cierto riesgo. El capataz se negó reiteradamente a ponerse en lugar seguro. Por más que insistió el maquinista, el capataz, antiguo conocido suyo, más insistía en su actitud, argumentando que era mejor que quedarse al lado de la pieza, para manipularla en caso necesario mientras era izada en su opinión. A regañadientes, por no discutir con su "amigo" y aceptando que era su decisión como capataz, pero en el fondo sintiéndose descontento consigo mismo, aceptó el maquinista a manipular la pieza en esas condiciones. Elevó la pieza, y ésta cayó inesperadamente sobre el capataz en un accidente fatal.

En la formación que se imparte acerca de los sistemas de gestión soportados por normas certificables del tipo ISO 9001 u OHSAS18001 normalmente se explica que los sistemas de gestión pueden tener varios objetivos: mejora de imagen, acceso a mercados, mejora de procesos... En consecuencia las organizaciones diseñan, implementan y certifican sus sistemas de gestión partiendo de alguna de esos propósitos. Además, en ciertos casos los objetivos económicos priman sobre los de mejora y esto explica que gran parte de los sistemas de gestión sean "de estantería".

En realidad los sistemas de gestión están diseñados para detectar puntos de mejora y solucionarlos, facilitando entrar en un proceso espiral de mejora continua. La cultura en la Gestion y desempeño que se promueve de esta manera es el motor que debe perpetuar la espiral virtuosa que conocemos como ciclo de Deming, ciclo PDCA o ciclo de mejora continua.

Así que cuando queramos implantar un sistema de gestión la primera pregunta que deberíamos responder es ¿para qué valdrá nuestro sistema de gestión? Dicho de otra forma, ¿qué valor aportará a la organización? Esto va a determinar el objetivo que perseguiremos y que nos esforzaremos por definir adecuadamente, detallando los resultados específicos que quiero obtener y que servirán para medir la eficacia del sistema y serán la referencia que permitirá detectar los puntos de mejora. Si ya tienes un sistema de gestión implantado, puede ser útil que te preguntes: ¿para qué vale nuestro sistema de gestión?, ¿qué valor aporta a la organización este sistema de gestión?, ¿para qué quiero que sirva nuestro sistema de gestión?, ¿qué valor quiero, de verdad, que aporte a la organización? Ahora bien, quizá la parte más compleja tiene que ver con la responsabilidad de las personas implicadas porque para que esto funcione los individuos han de responsabilizarse del resultado de sus acciones, lo cual exige cierta dosis respeto para escuchar lo que nos disgusta, humildad para reconocer nuestras imperfecciones y valentía para afrontar las consecuencias que se deriven de esas acciones.

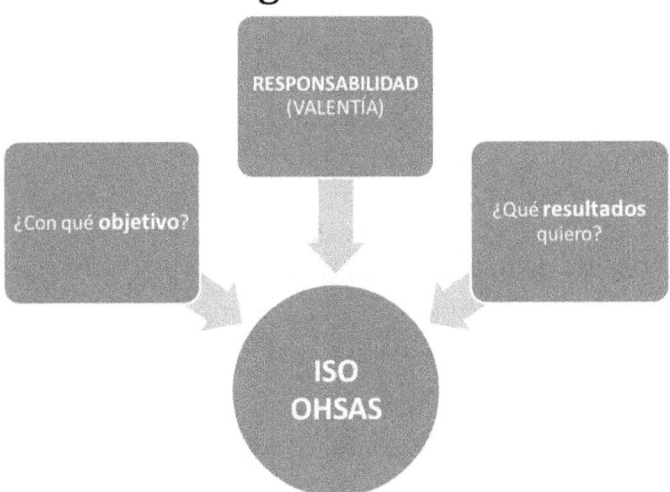

¿Para qué vale nuestro sistema de gestión?

RESPONSABILIDAD
(VALENTÍA)

¿Con qué **objetivo**?

¿Qué **resultados** quiero?

ISO
OHSAS

Sistemas de gestión

La mayor gloria no es no caer nunca, sino levantarse siempre.

Nelson Mandela

Podemos considerar la gestión organizacional como un ciclo, un sistema en el que la comunicación constante con el exterior le proporciona la información que necesita para adaptarse a los requerimientos del medio para satisfacer sus exigencias y así pervivir. Además, la información del interior del propio sistema le puede indicar qué tal responde a los ajustes que realiza y qué otros ajustes son precisos.

Se han definido multitud de sistemas de gestión en las organizaciones y cada uno de ellos, en su particular ámbito, persigue alcanzar una mejora continua que le permita a la organización adaptarse y perpetuarse. Lo comprenderemos mejor cuando hayamos conocido su origen y comprenderemos su utilidad estratégica actual conociendo cómo han evolucionado a lo largo del tiempo.

Origen conceptual de los sistemas de gestión

Tras la segunda guerra mundial Japón era un país devastado que fabricaba productos de consumo de calidad mejorable. A partir de 1950 W.E. Deming extiende en este país sus teorías y experiencia en el control estadístico de calidad. Defiende que la calidad del producto depende de la variabilidad del resultado final, y que esta variabilidad se puede controlar porque responde a una causa. Se logra reducir la variabilidad cuando se actúa sobre la causa esporádica o sobre la causa reiterativa (patrón) que la genera. En cualquiera de los casos es necesario aflorar los datos que nos muestren cuáles son las deficiencias y cuáles sus causas.

Además, la reducción de esta variabilidad repercute directamente a otras cuestiones de la producción (consumos de recursos materiales y de tiempo, reducción de desperdicios y de reclamaciones, aumento de la satisfacción del cliente,...) lo que da como resultado una organización más competitiva. Hoy todos conocemos los avances tecnológicos y de calidad experimentados por los productos japoneses.

Evolución de los sistemas de gestión de calidad

En las décadas de 1930-40 en EE.UU. la producción en masa de bienes de consumo trataba de abastecer las elevadas demandas de consumo de la sociedad. Se procuraba proveer de productos que cumplan con un estándar establecido en la industria, y se utilizaban técnicas de inspección y herramientas estadísticas para detectar las causas de las desviaciones y eliminar los errores e imperfecciones. Pero muchas veces los clientes no quedaban satisfechos y los procesos no estaban diseñados para producir mejoras en sí mismos, sino sólo para mantener el mismo nivel de calidad. Este modelo de gestión de la calidad está basado en y da como resultado el control de la calidad a niveles homogéneos para lograr estabilidad y no produce aprendizajes ni sus consecuentes mejoras.

En los años siguientes se identifica la calidad del producto con la facilidad en su utilización. En Japón, durante los años 1950-60 se produjeron avances en los sistemas de gestión de la calidad y se avanzó del concepto de aseguramiento de la calidad al concepto de calidad total. Para adecuar el producto o servicio a las necesidades de uso se piensa en su ciclo de vida y se ponen en práctica herramientas relacionadas con la investigación de mercado, el diseño de productos y servicios, las técnicas de venta y el servicio postventa, entre otras. La base y también el resultado de este modelo de gestión de la calidad son las mejoras incrementales de la calidad: una vez alcanzado un determinado nivel de calidad es preciso controlarlo manteniendo el mismo nivel hasta que se consolidan los cambios y las consecuentes mejoras; entonces se produce otro salto en la calidad, y se vuelven a controlar para consolidar las nuevas mejoras y así sucesivamente, intercalando etapas en las que la calidad mejora y otras en las que se mantiene estable y controla. Pero la mejora de la calidad se realizaba a costa de un incremento en el precio.

En consecuencia, las organizaciones reaccionaron y trataron de ajustar su producción ajustando los costes. Coincidiendo con la crisis del petróleo en los años 70-80 del pasado siglo los sistemas de gestión avanzaron en la dirección de lograr sistemas sin defectos utilizando estrategias como fraccionar en tareas pequeñas, realimentación para producir ajustes inmediatos, mejora continua aplicada a todas las personas y al trabajo en equipo. Paradójicamente, la mejora de competitividad lograda por las organizaciones que desencadenaron este avance, les acarrearía más adelante una pérdida de competitividad, puesto que otras organizaciones siguen la estela de las pioneras reproduciendo estos modelos de éxito y finalmente acortando las distancias competitivas.. Además se puso de manifiesto que el cliente en muchas ocasiones no sabe lo que quiere hasta que no se lo presentan. Este modelo de gestión de la calidad está basado en mejoras incrementales (continuas) de la calidad, con incrementos infinitesimales consecuencia de la reducción al mínimo del tiempo de control necesario.

Así, en la última década del siglo XX y la primera del siglo XXI, en un entorno global donde la tecnología es de fácil acceso y el cliente es más compartido que nunca, la competencia por satisfacer las demandas conocidas es atroz. Se impone satisfacer los requerimientos que permanecen latentes en el cliente. Las herramientas que se ponen en práctica están más próximas al ámbito del conocimiento, y abordan cuestiones relativas al lenguaje operativo, a la semántica y a la ingeniería de conceptos (las etapas para comprender qué es importante para el cliente, para qué es eso importante, cómo se medirá y cómo se abordarán estas cuestiones en la concepción del producto se abordan alternando los niveles de pensamiento (reflexión y experiencia (datos), y se utilizan ayudas externas en los procesos de definición y toma de decisiones) . El objetivo de este modelo de gestión de la calidad es superar el cambio de ciclo o el fin de vida de las organizaciones, procurando producir el cambio decisivo que permitirá saltar desde el punto de máximo desarrollo hacia otro modelo de negocio antes de que comience el declive, o antes de que éste sea insalvable.

Como vemos, los sistemas de gestión han evolucionado desde el control hacia la garantía, desde el cumplimiento del estándar hasta la satisfacción de las necesidades latentes, desde la obtención de copias perfectas hacia la generación de cambios trascendentales.

8 Evolución de los sistemas de gestión: del control al cambio decisivo

A lo largo de este proceso, el avance se producía conforme se aumentaba la sensibilidad de las organizaciones y se adquiría mayor consciencia del contexto, ampliando la visión y enriqueciendo la misión de las organizaciones a la luz de las evidencias mientras se ponía el foco alternativamente en la satisfacción de las necesidades de la organización y en la satisfacción de las necesidades del cliente.

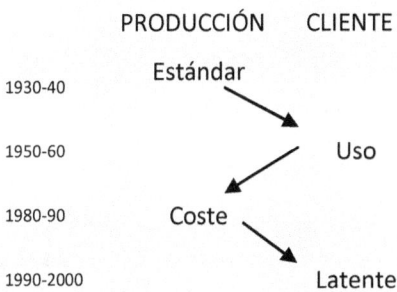

9 Evolución de los sistemas de gestión: del estándar a las necesidades latentes

Todas las organizaciones tienen un ciclo de vida, que pasa por su nacimiento, desarrollo y decadencia. La vida media de una gran organización es de unos 45 años, aproximadamente la mitad que la de una persona. Esto quiere decir que, inevitablemente, llega un momento en el que el negocio decae, así que si la organización quiere perpetuarse debe reinventarse y necesariamente abandonar antiguos caminos y emprender otros nuevos. A esto es a lo que llamamos cambio decisivo. El punto clave en el cambio decisivo está en su puesta en práctica, que necesita un líder visionario que crea que los objetivos de la organización están al servicio de su contribución a la sociedad. Esta visión altruista resulta motivadora para él y para los demás. Además, el impacto positivo que generan estos objetivos en la sociedad, genera un bucle de realimentación positiva del sistema, por el cual como la organización es útil para la sociedad, la sociedad responde para hacer que la organización perdure. Todo cambio decisivo normalmente conlleva alguna alteración que a la larga suele tener un significado simbólico más allá del trastorno instantáneo que haya representado para la organización y sus miembros. Un objetivo debe ser que estos trastornos sean lo menos molestos posibles, tratando de encontrar el punto de inflexión en las curvas del antiguo y el nuevo negocio. Un buen líder será capaz de detectar este punto de inflexión y de realizar los ajustes necesarios para una transición suave.

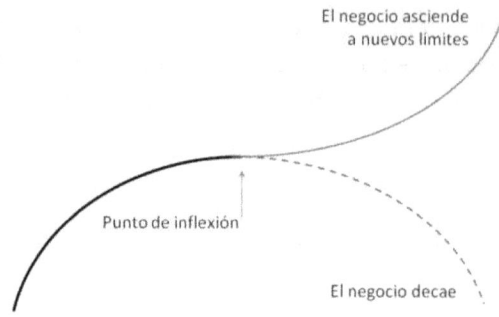

El negocio asciende a nuevos límites

Punto de inflexión

El negocio decae

10 Pervivencia del negocio y el cambio decisivo

Definimos necesidad latente como aquella que subyace insatisfecha y muchas veces desconocida. En este sentido, ¿cuál es la necesidad latente del cliente de SST (el trabajador) hoy día?, ¿podríamos pensar que el siguiente foco se centrará en la integración de organizaciones y personas de forma que su gestión se realizase desde una perspectiva sistémica asimilando que unas y otras comparten sentimientos, modelos mentales, dolencias, amenazas, oportunidades... ? Las evidencias que muestran la evolución de los sistemas de gestión y liderazgo apuntan hacia esta dirección, puesto que cada vez más se considera las organizaciones como seres vivos y se atiende a sus emociones, sus sentimientos, valores, voluntad y hábitos como aspectos fundamentales de la gestión, y también cada vez más se atiende a satisfacer las necesidades fisiológicas, de seguridad, sociales y espirituales de las de las personas que la integran. En este sentido, se está atendiendo a la satisfacción de las necesidades cada vez más elevadas para el desarrollo de personas y organizaciones.

Esta evolución se produce porque conforme se van satisfaciendo los requisitos de deleite del cliente, estos se transforman sucesivamente en requisitos de desempeño y luego en requisitos básicos, es decir, cambian su valor relativo. El deleite, el placer, se agotan en su mismo disfrute y por tanto están sujetos al cambio. Cuánto más veces disfrutamos de una experiencia placentera, menos placentera resulta ésta, y por eso nos sentimos impulsados buscar nuevas experiencias. En consecuencia, si deseamos salir del círculo vicioso de placer e insatisfacción, otros requisitos de satisfacción nuevos han de remplazar a aquéllos y se produce así un avance hacia la satisfacción de otros niveles superiores en los que la satisfacción sea más perdurable e independiente del objeto y contexto de disfrute.

Pongamos el caso de los trabajadores de una lavandería industrial, donde la mayor parte de los procesos son repetitivos y requieren poca cualificación. Estas personas pueden estar motivadas, por ejemplo, por el salario. Pero pasado cierto tiempo estarán cada vez más insatisfechas y en consecuencia la calidad de su trabajo decaerá. Las toallas, sábanas, manteles empezarán a estar menos limpios, con arrugas... el usuario se sentirá mal atendido y esto repercutirá en la empresa y finalmente en ellos mismos. En cambio si la motivación de los empleados es ayudar a que los usuarios disfruten de una cena placentera en el restaurante, que disfruten de su noche de hotel...; si hacemos que conozcan que éste es su aporte real a la felicidad de otras personas a través de su trabajo, su contribución a un bien mayor, será más difícil que la calidad de su trabajo se resienta.

Para detectar las necesidades latentes y satisfacerlas se necesita trabajar en un contexto de participación total. La participación total supone la integración de todos los niveles jerárquicos en el diseño y realimentación de los procesos. El establecimiento y promoción de objetivos, junto con la capacitación de las personas, son la fuerza de empuje para la realización de tareas. Una vez realizada la tarea, a esa fuerza de empuje se le suma una nueva que sirven de motor para el perfeccionamiento, mediante la diagnosis y monitorización de resultados, los incentivos y la difusión del éxito alcanzado tras el logro del objetivo.

En suma, los sistemas de gestión se basan en tres elementos fundamentales, la mejora continua, el enfoque al cliente y la participación total, y todos ellos suceden en un entorno social al que se debe prestar atención.

El ciclo de mejora continua

La esencia de los sistemas de gestión es el ciclo de mejora continua, también llamado ciclo de Deming y ciclo PDCA. Se trata de un sistema de evaluación del desempeño que contrasta los resultados obtenidos con los resultados esperados, trata de identificar las causas subyacentes a los desajustes y de implementar cambios que mejoren el resultado. Este ciclo repetido sobre sí mismo logra aprender de los errores del propio sistema y mejorar en una espiral de calidad ascendente, como en una escalera de caracol. Cada avance se produce en cuatro etapas –PDCA-:

- P (Plan): primero planificamos lo que queremos obtener,
- D (Do): en segundo lugar realizamos las acciones necesarias para conseguirlo,

- C (Check): en tercer lugar comparamos los resultados obtenidos con los esperados para identificar las causas (oportunidades de mejora) de los desajustes
- A (Act): en cuarto lugar actuamos reactivamente para solucionar los incidentes producidos y proactivamente para evitar que se reproduzcan los mismos incidentes o para evitar otros nuevos.

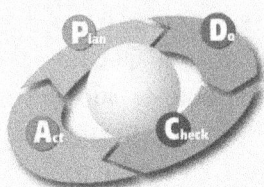

11 Ciclo de Deming o ciclo de mejora continua

A continuación repetimos el ciclo planificando las acciones anteriores e integrándolas en el ciclo de producción.

Las variaciones sobre éste esquema fundamental dependen de la aplicación específica, es decir del objetivo o alcance del sistema, y este está determinado en última instancia por el consumidor del producto. Esto explica, desde una perspectiva histórica, el desarrollo de los sistemas de gestión. Originalmente el consumidor mostraba interés por la calidad final del producto o servicio que adquiría, así que se desarrollaron los sistemas de gestión de la calidad. Más tarde, en los años 90 la nueva conciencia social hizo que los consumidores prestasen atención al medio ambiente, demandando productos y servicios que en sus procesos de producción fuesen ecológicos y entonces, aplicando el mismo esquema a los aspectos medioambientales de la producción y del producto, se desarrollaron los sistemas de gestión ambiental; el mismo proceso de aumento de consciencia y demanda de calidad ha sucedido en el ámbito de la seguridad y salud en el trabajo, en el ámbito de la responsabilidad social y de otros ámbitos de interés, generándose las correspondientes normas (ISO, OHSAS...)

Las normas certificables ISO, OHSAS

Para ayudar a las organizaciones que así lo deseen a introducir en su gestión procesos de mejora continua se han definido unos estándares internacionales (ISO, OHSAS, etc). Y con el objetivo de que las organizaciones que lo deseen puedan demostrar que cumplen con estos estándares se han establecido unos sistemas de reconocimiento que evalúan el grado en el que las organizaciones obtienen procesos de mejora continua en su gestión. Para realizar esta evaluación se buscan evidencias que pongan de manifiesto cómo la organización cumple específicamente con los criterios establecidos en los estándares. Y esta evaluación, llamada auditoría, es una de las herramientas de comprobación del proceso de mejora continua ya que sirve de contraste entre los resultados obtenidos (desempeño) y los esperados (estándares y criterios).

12 Elementos de una gestión SST exitosa

Cuando las organizaciones implantan un sistema de gestión persiguen al menos uno de estos tres objetivos: cubrir las exigencias legales, obtener un certificado para posicionarse en el mercado; y perseguir la mejora continua. Solamente las organizaciones que tengan como fin último y primordial la mejora continua tendrán sistemas de gestión útiles a medio plazo. En caso contrario, en lugar de hacer una inversión estarán realizando un gasto absurdo, porque habrán generado sistemas de gestión incoherentes con sus propios fundamentos. Y estas incoherencias generarán resistencias para el aprendizaje organizacional, esencia de la mejora continua. Realmente corren el riesgo de manejar sistemas de gestión de estantería, que lejos de ayudarles en el proceso de mejora de la competitividad son un lastre documental que burocratiza la gestión y dinamita la competitividad.

Como vemos los sistemas de gestión se asientan sobre los firmes pilares de la consciencia, la responsabilidad y el compromiso. La comparación de los resultados teóricos deseados con los resultados reales para obtener evidencias de la calidad del desempeño nos hará conscientes de la situación, el análisis de evidencias para identificar las causas raíz de las desviaciones exige asumir la responsabilidad de elaborar planes de corrección y mejora, y que a su vez exigen también el compromiso de ejecutar las acciones planificadas.

El éxito de los sistemas de gestión

Las principales claves del éxito de estos sistemas de gestión tiene que ver con los cimientos sobre los que debemos construirlos: la honestidad, la valentía y la humildad. Hace falta ser honesto para reconocer las imperfecciones, humilde para aceptarlas y valiente para hacerlas aflorar y abordar las mejoras necesarias. Estas cuestiones, sobre las que rara vez reflexionamos, se suman a la consciencia, a la responsabilidad, al compromiso y la congruencia. Estos son valores fundamentales para el éxito, la felicidad y la competitividad, porque determinarán los hábitos de nuestro comportamiento y los hábitos de la organización de que formamos parte. Y los hábitos son la antesala del resultado.

Nuestros valores afectan poderosamente a la congruencia de nuestros objetivos. Los valores dan forma a lo que es importante para nosotros, son los principios fundamentales con los que vivimos y están apoyados en las creencias. Comportarnos en contra de nuestros valores nos haría incoherentes, lo que generaría a nuestro alrededor una respuesta de desconfianza, alejamiento y rechazo, lo que además generará en nosotros sentimientos parecidos que nos alejaría a su vez de nuestros objetivos. En cambio, actuando conforme a nuestros valores nos llenamos de sentimientos positivos que se irradian a nuestro entorno y crean un contexto propicio para el éxito

Los sistemas de gestión y el cambio decisivo

Cuando una organización se enfrenta a cambios drásticos e inevitables tiene que encontrar una nueva forma para sobrevivir. Entonces, necesita abandonar prácticas antiguas y emprender otras nuevas. Durante la implementación debe considerar a todos los grupos de interés y especialmente debe tener una orientación hacia el cliente focalizada en los usuarios al final de la pirámide, que por su presencia periférica son invisibles cuando se tratan asuntos de gran entidad.

Para facilitar estos cambios decisivos hace falta en primer lugar un líder visionario dotado de una mente noble que innove de arriba abajo, que haga suyas las ideas de sus colaboradores y que mantenga siempre la perspectiva de esforzarse para alcanzar un bien mayor. En segundo lugar la organización debe proporcionar a las personas las herramientas y la formación necesarias para desbloquear las mentes de sus mandos y su personal de línea. Y en tercer lugar la organización debe proporcionar abundantes oportunidades para la mejora de habilidades.

Además las organizaciones tienen que ser capaces de percibir cambios a tres importantes niveles. Deben ser capaces de contemplar a vista de pájaro el panorama general: como una lombriz, deben ser capaces de apreciar los más pequeños detalles a nivel del suelo; y además, debe nadar como pez en el agua para ser capaces de detectar los cambios que suceden en el contexto habitual y moverse en otra dirección. Dicho de otra forma, las organizaciones deben ser capaces de detectar los estímulos invisibles del entorno y hacer sobre la marcha las correcciones de rumbo necesarias.

Para que este cambio sea posible, para aprender y poner en práctica cosas nuevas, hemos de desaprender lo que hemos internalizado durante mucho tiempo. De esta forma el cambio decisivo se hace evidente y el pensamiento innovador llega a ser algo natural. Las personas con más facilidad y rapidez de aprendizaje son los niños. Cuando les sitúas en un determinado contexto aprenden rápidamente los comportamientos y adquieren con asombrosa velocidad y eficiencia las habilidades necesarias para desenvolverse con éxito en ese contexto. En este sentido, cuanto menos edad tenga un niño más rápidamente aprende, porque tiene menos prejuicios (juicios previos), su mente está menos condicionada por aprendizajes y saberes previos, y solamente asimila de forma natural, sin filtros nuevos conocimientos y habilidades. Por eso, para aprender algo, primeramente hay que ser capaces de desaprender. Lo mismo sucede con las organizaciones.

El desarrollo de cualquier organización necesita prestar atención a la obsolescencia de sus conocimientos y a sus habilidades de comunicación. En un entorno en el que las tecnologías de comunicación hacen posible que la información viaje a la velocidad de la luz a cualquier rincón del planeta, donde las barreras idiomáticas y culturales cada vez son más permeables y donde los avances tecnológicos se suceden velozmente, los conocimientos quedan obsoletos con inusitada rapidez. Es necesario cambiar los esquemas mentales necesarios para actualizarse y reorientarse de forma que avancemos con los cambios inevitables del entorno. Complementariamente necesitamos ser hábiles comunicadores para transferir de forma eficiente nuestros mensajes dentro y fuera de la organización y para recibir la información que nos permita ser conscientes de los cambios que se producen, de los desajustes de nuestra organización y de su progreso. Tenemos que utilizar los medios de comunicación más eficaces y organizarlos de la manera más eficiente, de forma que el flujo de información facilite un aprendizaje tan rápido como sea necesario y potencie las capacidades de las personas que interactúan.

Pues bien, para que una organización se adapte a los inevitables cambios drásticos ha de poner el foco en las necesidades latentes de su cliente, fomentando la participación de todos los grupos de interés y trabajando en un proceso de incorporación de continuos aprendizajes que le permitan aportar un bien mayor al sistema y garantizar así su pervivencia en el contexto social en el que desarrolla su actividad.

Estos son pues, los componentes esenciales de un sistema de calidad: practicar la orientación al cliente y la mejora continua integrados en un contexto social.

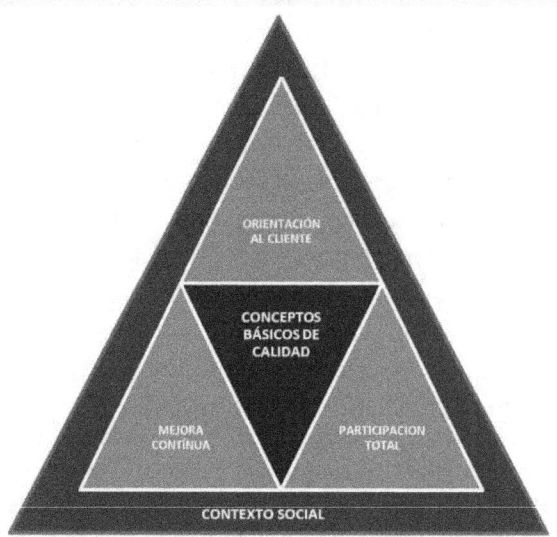

13 Conceptos básicos de calidad

En cualquier caso los sistemas de gestión sólo son una herramienta. El propio concepto de mejora continua supone, como punto de partida, que siempre hay algo que mejorar. La paradoja es que si algo puede mejorar, también puede empeorar. Esto nos lleva a pensar que la única forma de avanzar es mejorando lo que ya tenemos, para ser más eficaces y también más eficientes. Así que pensaremos en la mejora continua como una lucha constante contra el deterioro.

Esta perspectiva es la misma que en las guerras, en los incendios forestales o en la salud. En cualquier de estos ámbitos se da la batalla contra el enemigo para evitar el deterioro del sistema político, del ecosistema forestal o del organismo vivo (sistema celular), y aunque la lucha se puede iniciar en un frente concreto, aunque pueda haber un arma, una fuerza de ataque o una terapia principales, hay más probabilidades de alcanzar el éxito cuando la actuación es múltiple y coordinada. En una guerra se lucha por tierra mar y aire, con infantería, artillería, propaganda…; en un incendio forestal se emplean medios aéreos y terrestres, productos químicos, medios mecánicos y herramientas manuales; en la lucha para evitar el deterioro de la salud empleamos medicamentos, manejamos la alimentación, el ejercicio físico y mental. De forma análoga es como debemos luchar para evitar el deterioro de las organizaciones o, lo que es lo mismo, para avanzar con los inevitables cambios del entorno y perdurar en un buen estado. Es decir, para ganar la guerra de la competitividad, de la eficiencia, de la mejora continua, hay que utilizar una combinación de herramientas mediante la estrategia que las haga más efectivas en la organización.

La seguridad y la salud en el trabajo es una obligación estatutaria para los empleadores, y representa también un factor de éxito empresarial. Y a pesar de ello, la implantación eficaz de un sistema de SST integrado plenamente en la organización ha sido un hecho infrecuente hasta ahora. El principal escollo es que los costes se producen a corto plazo y los beneficios sostenibles a largo plazo. Además, otras circunstancias acrecientan este escollo: primero la complejidad para valorar económicamente los beneficios; después la dificultad que tenemos las personas para relacionar hechos que se producen de forma diferida en el tiempo con las causas que los generaron; luego la velocidad a la que se suceden los acontecimientos y la urgencia que nos imponemos –impaciencia- y para terminar, el mal hábito de no investigar el retorno de la inversión de los programas de formativos, al contrario de lo que sucede con otras inversiones más relacionadas con las áreas de producción en las organizaciones.

No obstante, hay empresas que en este contexto altamente competitivo son capaces de mejorar continuamente, innovando y generando valor añadido en sus productos y servicios así como en los procesos y en las personas que los hacen posibles. En estas empresas excelentes, la atención a las condiciones de trabajo es uno de los primeros principios de responsabilidad social que resulta determinante para la innovación, la calidad y la productividad. En este sentido, para que la SST contribuya a la sostenibilidad de la organización, debe perseguir su propio nivel de excelencia.

En estas empresas excelentes la protección de los trabajadores es un aspecto básico e irrenunciable, tal como demuestra el hecho de que entre las cuatro primeras causas que les motivan hacia la SST están dos directamente relacionadas con la excelencia: la satisfacción de los trabajadores y la responsabilidad social corporativa. El liderazgo en estas selectas empresas tiene una visión global de su interacción con el mundo, lo que se manifiesta en la definición de su misión y objetivo y en la implicación de los líderes en los procesos de mejora, gestión del cambio y en programas de mejora y búsqueda de oportunidades.

Uno de los aspectos que más diferencia a una empresa excelente es que su preocupación por las personas va más allá de un interés meramente productivo porque las consideran parte fundamental de la organización, así que basan su gestión de personas en el seguimiento y evaluación del desempeño como parte de un plan de carrera. Además acostumbran a disponer de una planificación de las actividades preventivas más detallada con gran inclusión de aspectos de psicosociales y ergonómicos. Y entre sus buenas prácticas relacionadas con su compromiso con la SST están la participación activa de la Dirección de la organización, que además asigna recursos materiales económicos o humanos a sus compromisos en materia de SST y también establece al menos el 30% de sus objetivos estratégicos relacionados con la seguridad y salud de los trabajadores[ix].

En resumen, para que la integración sea real ha de incluir los procedimientos productivos, las responsabilidades preventivas, las funciones generales y las responsabilidades específicas. La función general del prevencionista para lograr la integración ha de ser velar para que el inferior jerárquico conozca y asuma la necesidad de integrar. Las responsabilidades específicas tienen que ver con integrar la SST en las unidades organizativas pertinentes, como son: la selección de personal en el área de RR.HH, la selección de productos y proveedores en el área de compras, las condiciones de seguridad en el área de producción, y las revisiones e inspecciones en el área de mantenimiento. Esto, a su vez, servirá para lograr una simplificación documental de los sistemas de gestión.

¿QUÉ PIENSAN LAS EMPRESAS EXCELENTES?

PRL es básica e irrenunciable para la **excelencia**

PRL contribuye económicamente a los **beneficios** económicos

- Ahorro costes directos
- Mejora indirecta de instalaciones
- Mejora de la productividad individual
- Mejora de la imagen corporativa y la RSC

Atender las **condiciones de trabajo** es básico para la innovación, la calidad y la productividad

Las **personas** son parte fundamental de la organización

La participación de los trabajadores

Con frecuencia, a pesar de que las personas se comportan de forma distinta a como las normas les exigen, éstas se mantienen, incluso cuando este hecho es conocido. La causa suele ser que las normas ignoran las condiciones que operan sobre el terreno, bien desde su diseño o bien por inadaptación a los cambios acaecidos desde su diseño, y además sobreviven en su mayor parte sobre el papel gracias a la inercia. Puede que cambiar las reglas no sea suficiente, pero ha de ser un primer paso.

Para que las nuevas reglas sean coherentes con las condiciones reales en que se opera, hemos de redactarla a partir de la información obtenida sobre el terreno a través de la participación de las personas afectadas.

La participación de los trabajadores en las políticas de SST se realiza normalmente a través de sus representantes sindicales, pues son los delegados sindicales las personas elegibles para mediar en cuestiones de SST, como legítimos representantes de sus compañeros en materia laboral. Esta exclusión de otros potenciales representantes no pertenecientes a esta *casta* puede empeorar la calidad de los candidatos, pues no necesitarán esforzarse demasiado para ser elegidos, porque ya pertenecen al *grupo correcto*. Esto, a su vez, produce con frecuencia desafección y desmotivación de la gente hacia la SST, tanto en los estratos inferiores, al no sentir que se produzcan mejoras, como en los superiores, que perciben la ineficacia en el ejercicio de esta función o que consideran refrendadas sus decisiones unilaterales.

Por eso, abrir otras vías plurales de participación, que sirvan para alumbrar aquellos comportamientos que ensombrecen un adecuado desempeño puede ser de gran utilidad, logrando cambios de abajo arriba mientras se respeta la estructura de la organización.

Esta intervención supone actuar de arriba abajo al diseñar modelos útiles de participación que permiten la comunicación de abajo arriba, es decir, de los lugares donde más en contacto se está con la realidad, de los lugares donde reside la información, hacia los centros de decisión.

Actuar así facilita que podamos realizar importantes cambios incluso culturales, desde la base, de una manera suave e integrada, respetando las estructuras básicas y los equilibrios de poder, pudiendo propiciar a medio plazo los cambios necesarios en la estructura de la organización. Se trata, en definitiva, de realizar actuaciones menores que puedan generar cambios significativos. Y los factores sobre los que es más útil actuar son aquellos que constituyen un punto de palanca, capaces de trocar la espiral viciosa en una espiral virtuosa con el menor esfuerzo: las creencias y la comunicación; que las personas acojan la creencia de que se puede mejorar será vital para que los cambios se produzcan y la comunicación servirá para conocer primero las zonas oscuras y luego para aflorar las oportunidades de mejora necesaria, alineando los valores de la organización y de las personas y para encontrar los criterios comunes que satisfagan su logro.

Creencias

Una creencia es el sentimiento de certeza sobre el significado de algo. Es una afirmación personal que consideramos verdadera. Las creencias, que en muchos casos son inconscientes, afectan a la percepción que tenemos de nosotros mismos, de los demás, y de las cosas y situaciones que nos rodean. A través de nuestro sistema de creencias damos significado y coherencia a nuestro modelo del mundo. Cuestionar una de nuestras creencias puede afectar a aquellas otras que se derivan o están relacionadas con ellas. Por esta razón en ocasiones somos tan reacios a modificar alguna de ellas.

Las creencias se forman a partir de ideas que confirmamos o creemos confirmar a través de nuestras experiencias personales. Cuando una creencia se instala in nosotros de forma sólida y consistente, nuestra mente elimina o no tiene en cuenta las experiencias que no casan con ella. Con bastante frecuencia, anticipar un resultado futuro que todavía no ha tenido lugar, genera en el presente la causa que lo producirá y que de no ser así no se hubiera generado. A estas premoniciones que se cumplen les llamamos profecías autocumplidas. Nuestras energías, esperanzas y convicciones – nuestras creencias- respecto al futuro nos sirven para crear el propio futuro que anticipamos. Esto es así porque cuando no queremos que algo suceda, centramos toda nuestra atención y energía en ello, lo que nos resta recursos para encontrar y poner en práctica otras alternativas; además la negación no existe en nuestra experiencia, de forma que cuando expreso algo en términos de evitación, estoy haciendo que mi inconsciente lo persiga. Y si aún no estás convencido, trata ahora de no imaginar un elefante azul.

Las predicciones pueden hacerse realidad, porque el sólo hecho de haberlas formulado modifica el futuro. Lo importante es que las personas crean en la profecía y actúen en consecuencia. Nuestras creencias conforman el futuro.

Son varias las razones que hacen de especial relevancia que los directivos y ejecutivos sean los primeros en adquirir un nuevo programa maestro de acción encaminado al aprendizaje generativo. La primera es que son ellos quienes determinan la visión, misión y objetivos de la organización, así que será su mapa del mundo y su nivel de congruencia los que determinen el éxito de la organización. La segunda y no menos importante, es que necesitan experimentar los sentimientos que ésta genera, y las opciones y beneficios que conlleva la superación de barreras; así luego podrán comprender y respetar lo que experimentarán las demás personas de la organización implicadas en el cambio. En tercer lugar, también se facilita que los directivos y ejecutivos visualicen la meta perseguida para que esto actúe como profecía.

Así pues, las acciones para el cambio que podemos emprender para evitar las barreras de aprendizaje organizacional y lograr ser más competitivos deberían:

- Generar evidencias acerca de cómo los razonamientos de las personas determinan sus acciones y lograr que estas personas comprendan su responsabilidad
- Alentar a los directores y ejecutivos a encontrar incoherencias entre su razonamiento y las acciones consiguientes
- Sacar a la luz y hacer explícitas las creencias que sostienen que hay una conexión entre sus diseños para la acción y las acciones mismas
- Tomar las resistencias, confusiones o frustraciones como otros tantas evidencias que pueden ser utilizadas para evaluar la utilidad de lo que se está aprendiendo
- Producir oportunidades para practicar nuevas formas de pensar para generar acciones que reduzcan los efectos secundarios contraproducentes

MODELOS DESCRIPTIVOS			
BARRERAS ORGANIZACIONALES	COMPORTAMIENTO SISTEMICO	APRENDIZAJE ORGANIZACIONAL	MEJORA CONTÍNUA
Programa maestro de dirección	Sistema con aprendizaje simple: modelo mental I con realimentación de refuerzo	Pensar – conceptualización-	P –planificar-
Programa maestro de acción I –incoherente- Acción I –incoherente-	Realimentación de refuerzo	Hacer I –aplicación I-	D –hacer-
Intervención para el aprendizaje y la acción	Punto de palanca, realimentación de compensación	Sentir y observar – inmersión, reflexión, contextualización, recategorización -	C – comprobar-
Programa maestro de acción II y Acción II –coherente-	Sistema modificado con aprendizaje doble: modelo mental II con realimentación de compensación	Hacer II –aplicación II	A –actuar-

14 Relación entre modelos descriptivos de aprendizaje y gestión organizacional

La parte positiva es que cabe la posibilidad de mejorar la gobernanza y las políticas sin cambiar las estructuras existentes, tanto políticas como sociales.

Se puede lograr una pequeña revolución asegurándose de que se invita a todo el mundo a participar en reuniones de SST, supervisando a los supervisores y representantes de los trabajadores y haciéndoles responsables de los fracasos en el desarrollo de sus obligaciones preventivas; supervisando a los mandos a todos los niveles y compartiendo esta información con las personas que forman la organización, y dejando claro ante estas personas lo que se puede esperar de ellos.

Las expectativas sobre lo que puede o no hacer la gente se convierten demasiado a menudo en profecías autocumplidas. No es fácil cambiar las expectativas, pero tampoco es imposible. Y lo que es más importante, el rol de las expectativas implica que el éxito, a menudo, se retroalimenta. Cuando empieza a mejorar una situación, la propia mejora afecta a las creencias y al comportamiento. Esta es buena razón por la que debemos plantearnos dar cosas gratis si son necesarias para poner en marcha un círculo virtuoso.

Valores

Haciendo un repaso de lo tratado hasta aquí -la perspectiva sistémica, los sistemas de gestión, el aprendizaje y las barreras de aprendizaje organizacional- observamos que todos a los temas comparten un núcleo determinante que los explica.

En la base de todos ellos están los valores y creencias. Valores y creencias forman el mapa interno de cada persona y condicionan su comportamiento. Y lo mismo sucede con las organizaciones, porque al estar formadas por personas son una extensión más de ellas. Las creencias y valores actúan como filtros perceptivos, influyendo en el aprendizaje. Los objetivos de las organizaciones están fundados sobre valores, y el razonamiento y las acciones de las personas también; cuando no hay coherencia entre ellos se producen barreras para el aprendizaje organizacional que pueden dar al traste con la competitividad de la organización. Por su parte los sistemas de gestión presuponen para su funcionamiento ciertos valores —responsabilidad, compromiso, coherencia- y otros más para su éxito —honestidad, humildad, valentía-.

Parece por tanto que los valores y creencias son una pieza clave de cualquier estrategia para mejorar la competitividad de una organización, así que merece la pena detenernos brevemente para explicarlos algo mejor.

Acabamos de comprender que las creencias son ideas personales que formamos a partir de nuestra experiencia; son nuestra mejor conjetura de la realidad, no la realidad en sí misma. Por eso nuestras relaciones y posibilidades están influenciadas por nuestras creencias, hasta el punto de que pueden actuar como profecías autocumplidas. Las creencias también son presuposiciones —lo que suponemos antes de actuar-, así que son principios de conducta. En nuestra relación con las creencias nos aferramos a ellas con fuerza porque las tratamos como si fueran nuestras posesiones, lo que queda evidenciado por el lenguaje que utilizamos al referirnos a ellas –tenemos, sostenemos, poseemos, perdemos, y ganamos creencias-. Y esto encierra en sí mismo dos fuertes presuposiciones: que son cosas y como tales son estables, y que tenemos derechos sobre ellas, por ejemplo el derecho de mantenerlas. Así que la creencia de que las creencias son cambiantes, en ocasiones sin participación de la voluntad de las personas, es en sí misma desafiante y genera resistencias para mucha gente.

Para comprobar si una creencia lo es, podemos preguntarnos: ¿otra persona diferente (un esquimal, un indio de una tribu del amazonas...) podría pensar algo distinto? Si la respuesta es afirmativa, se trata de una creencia. Y como sugiere la propia pregunta, identificar nuestras creencias como tales nos abre un abanico de opciones de actuación.

Los valores son un tipo especial de creencias. De hecho los valores son nuestras más firmes y potentes creencias, porque son creencias sobre creencias. Los valores son la energía que hay detrás de nuestros objetivos y nos ayudan a comprometernos. Cuando se compromete tiempo, dinero y energía en algo que no es parte de nuestros valores esenciales, nos sentimos frustrados e irritados. Los valores afectan a nuestra experiencia cotidiana tanto a nivel personal como organizacional, porque guían y dirigen nuestra conducta y nos dicen cómo asignar nuestros recursos limitados (tiempo, energía...) en cada momento. Por eso cualquier cambio de cultura organizacional, para que sea exitoso, parte de un microcambio en los valores de quienes la dirigen. Las normas son reglas de conducta y los valores son los criterios por los que se evalúa su idoneidad. Así que nuestra conducta, nuestros actos, están regidos por las normas y los valores. Hay valores que cambian según el contexto y otros que permanecen fijos independientemente del contexto.

Podemos evocar los valores de una persona preguntándole:

- ¿Por qué quiere lograr esto...?
- ¿qué le motiva de verdad de...?
- ¿qué obtiene al hacer esto...?
- ¿qué resulta importante para usted de lograr esto...?

Podemos explorar los valores de una organización de la misma manera aunque, como los valores organizacionales son difíciles de encontrar directamente, pueden ser deducidos más fácilmente a partir del comportamiento de la organización. En este sentido las metáforas son una buena manera de evocar valores organizacionales:

- Esta organización es como...
- Trabajar en esta organización es como...
- Ser promovido en esta organización es como...
- Nuestra área de trabajo es como...
- Los clientes piensan de nosotros que somos como...

Los valores y las creencias de una organización son instaurados por sus fundadores y tienden a disiparse con el tiempo, pues están afectados por una variedad cambiante de factores sociales, culturales y económicos entre otros. Es imposible armonizar todos los valores con los objetivos en cada momento, por eso es importante jerarquizarlos. Tener criterios claros sobre la importancia relativa de unos valores sobre otros nos ayudará a tomar las mejoras decisiones en cada momento para avanzar hacia una vida más sana y satisfactoria a través de las acciones que emprendamos.

La perpetuación es algo dinámico que va más allá del inmovilismo de la supervivencia, que se centra en garantizar la propia seguridad. El inmovilismo conduce a la inadaptación, al sufrimiento y a la desaparición, por eso es importante evolucionar. Para evolucionar y adaptarnos al contexto en el que vivimos o queremos vivir hemos de aceptar los valores de ese contexto. Nuestros valores, aunque firmes, no son inamovibles, si no mudables, y se aprenden, a menudo inconscientemente, se transmiten, se enseñan y se adoptan.

Una de las influencias más fuertes para formar y modificar valores son las recompensas. A través de las recompensas mostramos al individuo y también a los demás el reconocimiento de la valía de sus actos, de su comportamiento, y así los reforzamos incitando su repetición en detrimento de otros.

Además, también es muy importante identificar las reglas que tenemos para cumplir con los valores, porque cuando cumples con la regla entonces cumples con el valor. Podemos compartir valores con otras personas pero cuando las reglas para el cumplimiento son distintas podemos augurar problemas para las personas aunque compartan el valor. Por ejemplo, puede suceder que para mi jefe y para mí un valor importante sea la confianza; ¿cómo será nuestra relación si yo pienso que para mostrar confianza es suficiente que si no hay incidencias y todo va bien no es necesario que redactase el informe al respecto, pero él piensa que es necesario le envíe al menos un e-mail mensual confirmándole que no hay novedades?

Podemos identificar estas reglas preguntándonos, ¿qué tiene que estar sucediendo para que se cumpla...?

Por otra parte las personas en contextos altamente exigentes tienden a comportarse conforme a los valores de la cultura imperante, prescindiendo de vivir los suyos propios. Esta incongruencia entre los valores propios y los valores demostrados genera altos niveles de estrés. Cuando el estrés es mantenido durante mucho tiempo, nuestra capacidad de respuesta al mismo disminuye y nuestra salud y los resultados de nuestras acciones se resienten.

En consecuencia, ya que los comportamientos de las personas están movidos por los valores y su congruencia afecta a la salud y al éxito, es importante para motivar actitudes útiles para la organización conocer los valores que comparten y también comprobar si los criterios que manejan para el cumplimiento de los valores son compartidos.

El papel del Técnico en PRL

El prevencionista tiene un papel clave para lograr la integración y requiere unas habilidades específicas que, en general, han estado desatendidas. En cambio estas habilidades son necesarias para integrar la PRL en la organización desempeñando un papel cohesionador que proporcionará un alto valor añadido.

El técnico en PRL puede jugar, o juega, un rol de bisagra clave para articular el éxito de la organización. En primer lugar porque está a caballo entre la dirección de la organización y el personal de línea. En segundo lugar porque la trascendencia de la SST en el desempeño de la organización dota a esta disciplina de un potencial de mejora que alcanza todos los ámbitos organizativos y de gestión. Esta posición clave de intermediario en la organización hace que el técnico en PRL juegue roles muy diversos como consultor interno, coordinador, negociador y formador, todos los cuales están afectados por otro de sus papeles, el de comunicador. En consecuencia es deseable que posea las habilidades y competencias correspondientes a tales roles, puesto que el éxito de su trabajo depende de ellos.

Además, al prevencionista se le debería exigir una generosidad altruista para no anhelar un papel protagonista, sino compartido, que le permita ceder parte de sus cometidos tradicionales diluyendo su figura en el seno de la organización. Ha de jugar discretamente el papel de un experto en gestión, ubicuo, que colabore con los distintos equipos de trabajo a distintos niveles, en los ámbitos por ejemplo de reclutamiento y desarrollo de RRHH, compras, ingeniería, producción, sistemas de gestión, gerencia. Esta exigencia, además, debe ser común a otros profesionales cuando corresponda, algo que resulta muy evidente en el caso del reclutamiento de RRHH y producción.

Los valores, actitudes y prácticas que se ponen en juego en la organización varían de gerencia en gerencia, de departamento en departamento y en los distintos grupos de trabajadores. Por eso, este juego de bisagra consiste en hallar los valores comunes a todos ellos y encontrar la manera de ponerlos en práctica a través de la organización para dotarla de una cultura preventiva que sea capaz de acoger en sí las distintas subculturas propias de las distintas unidades organizativas articulándolas y cohesionándolas. Y para que las subculturas sean coherentes es esencial definir los criterios específicos necesarios para cumplir en cada unidad organizativa los valores comunes. De esta forma lograremos el mejor desempeño preventivo en la organización. Por lo tanto, coordinar este juego, conciliando los intereses de todos es una más de las tareas del prevencionista. Y para ello necesita ser un hábil comunicador, disponer de habilidades de gestión de equipos y saber negociar con eficacia cuando sea pertinente.

Además de todo esto, el técnico en PRL debe ser un buen formador. La mejor formación preventiva es la que pueden proporcionar los propios compañeros. Excepto en los niveles jerárquicos superiores, que detentan funciones de gestión, tiene poco sentido que sea el prevencionista quien imparta la formación preventiva en el puesto, de manera que la formación impartida por técnicos en PRL es un práctica que, aunque común, suele ser poco eficiente. Quien más sabe de su trabajo es la persona que lo realiza, así que es ésta quien debería formar a sus propios compañeros. Aunque para eso necesita formarse previamente en PRL, de forma que pueda reinterpretar a través del prisma de la prevención lo que ya conoce y experimenta en su día a día. Es aquí donde el prevencionista de la organización debe intervenir, formando a los formadores tanto en cuestiones técnicas preventivas como en cuestiones relativas a la cultura preventiva de la organización, con el objetivo de proporcionarles la sensibilidad y la visión sistémica que les ayude a mejorar la actitud y los comportamientos de sus compañeros, logrando mayores cotas de seguridad y salud.

4. LA SST COMO MOTOR DEL CAMBIO DE HÁBITOS Y DE LA MEJORA DEL DESEMPEÑO

La consideración sistémica de las organizaciones significa que cada pequeña actuación de una organización afecta al medio en el que desarrolla su actividad y a sí misma, en ocasiones con una magnitud desproporcionada y en lugares imprevistos (efecto mariposa). Esta misma consideración sistémica nos dice que un cambio en cualquiera de las partes de la organización afectará a las demás y también al conjunto de la misma y esto supone que podemos obtener grandes efectos con pequeños cambios aplicados en el momento y lugar adecuados (punto de palanca).

Desde esta perspectiva la SST es una herramienta muy poderosa para mejorar la competitividad. Para mejorar la competitividad hay que mejorar la comunicación. Y ésta se realiza a través de mensajes verbales y no verbales, siendo los no verbales son los más importantes. Una forma de comunicar es mostrar interés; demostrar cambios favorables hacia cosas del interés de las personas motivará a las personas a mostrar interés por la organización. Un buen comienzo es realizar acciones que demuestren el cambio en forma muy evidente y anunciar previamente que se van a realizar estas acciones será el primer paso para empezar a demostrarlo. En este sentido, cada organización debe reflexionar y elegir las acciones que mejor se acomoden a su contexto particular. Un ejemplo es que el máximo responsable de la organización podría invertir cada mes una o dos horas de su tiempo visitando algunos puestos de trabajo, interesándose por conocer los detalles del puesto, que incluyen los nombres y circunstancias de las personas que ocupan los puestos, sus necesidades, sus deseos, sus temores, sus propuestas, etc, hablando con estas personas, implicándose personalmente en la solución de alguna causa significativa. Otro ejemplo podría ser incluir efectivamente como primer punto del orden del día en todas las reuniones cuestiones de seguridad y salud, de las que se deriven las acciones de mejora correspondientes. Otro ejemplo podría se impartan cursos de PRL con la participación conjunta de jefes y subordinados y se propicien los diálogos constructivos. De esta forma habremos dado el primer paso para ganarnos la estima de las personas, porque una vez que las acciones se han materializado somos más creíbles, confiables y predecibles, y esto proporciona seguridad.

Usar la SST para favorecer el cambio es una estrategia útil, porque involucra a distintos departamentos, estamentos, procedimientos, hábitos y sentimientos. Por eso cambiar el tipo de formación por otra más centrada en las personas, implicando también a los mandos, es enseñar que se están cambiando las cosas desde arriba y en contacto con los de abajo.

Tal y como hemos visto anteriormente, los daños a la salud responden a dos grandes grupos de causas, las condiciones de trabajo y el comportamiento, Esto hace que invertir en las personas para que mejoren sus procesos cognitivos y comunicativos sea una eficaz medida preventiva, además de una eficiente inversión por su potencial impacto en la mejora de la competitividad.

Las causas que subyacen a los daños a la salud son variadas, algunas de ellas evidentes (acciones de las personas directamente implicadas, esto es, el comportamiento) y otras latentes (contexto en el que se producen las acciones, esto es, las condiciones de trabajo). y en ambos casos la forma de pensar de las personas es clave en las acciones que se emprenden. Además, los sistemas de gestión funcionan sólo cuando la información fluye libremente en un clima de confianza y seguridad para las personas. La información que obtienen las personas y las organización y la manera como procesan esta información son aspectos vitales que determinan el aprendizaje que se produce, e incluso determinan si se produce aprendizaje o no.

Los actos peligrosos no se pueden conocer de antemano, aunque sí se pueden detectar las condiciones en las que estos errores activos son casi inevitables. Cuando ponemos el foco en evitar los tipos genéricos de fallo en lugar de corregir los comportamientos individuales estamos actuando en beneficio de un colectivo en lugar del individuo y lograremos mayores tasas de éxito. Por eso es tan importante modificar el contexto en el que se producen los errores, porque así actuaremos indirectamente en los comportamientos individuales. Así que necesitamos detectar los patrones de los procesos más generales que son los responsables de las condiciones en las que los comportamientos inseguros son casi inevitables.

Para detectar estos patrones generales necesitamos recibir e interpretar información de primera mano sobre lo que está sucediendo, y quienes tienen mejor conocimiento de estos datos son los operadores de primera línea y de mantenimiento. Ahora bien, para que esta información sea de calidad, debe basarse en aspectos medibles si bien conocidos y las personas que mejor los pueden determinar son quienes trabajan con ellos.

En resumen, para cambiar acciones peligrosas necesitamos modificar el contexto organizativo en el que se producen. Para conocer cuáles son en este contexto los patrones generales que causan daños necesitamos obtener información de los trabajadores de más abajo en base a unos criterios específicos. Y para obtener esa información necesitamos que las personas sientan que están en un contexto seguro para ofrecer esa información delicada.

Definitivamente, parece que hay que trabajar para que la forma de pensar de las personas y las acciones proporcionen la oportunidad de acceder a la información útil, poniéndola a circular y aprovechándola para superar los obstáculos latentes que dificultan las acciones seguras. De esta forma resulta que la información que obtenemos para mejorar la SST puede ayudar a superar barreras de la organización que dificultan su eficiencia, permitiendo que la organización aprenda, mejore sus procesos y sea más competitiva.

5. FORMACIÓN

La educación es el arma más poderosa que
puedes usar para cambiar el mundo.
Nelson Mandela

Formación y educación

Con frecuencia formación y educación se han considerado por separado, aunque se trata de dos disciplinas interdependientes y complementarias que se ocupan del desarrollo del potencial humano.

Normalmente la educación se ha ocupado de que las personas aprehendan estructuras teóricas y conceptuales que posibiliten una mayor variedad de comportamientos, mientras que la formación ha buscado que las tareas se realicen con el mayor grado de uniformidad y previsibilidad que puedan ofrecer las personas. En realidad, estas diferencias (variedad vs homogeneidad, libertad vs control, generalidad vs especificidad, persona vs tarea) hacen que hoy día no merezca la pena considerar ambas disciplinas separadamente porque lo que ayer fue útil hoy puede ser inútil. Y ahora necesitamos personas que se liberen y nos liberen del yugo de la supervisión, personas capaces de gestionar su propio trabajo, que toman decisiones sobre sus tareas y asumen la responsabilidad de sus acciones. Personas que sean suficientemente flexibles como para adoptar los comportamientos que la ocasión requiera para entregar como resultado de su trabajo los productos o servicios con los requisitos establecidos cumpliendo las expectativas.

Además, como se explica en la tabla siguiente, existen nexos que ligan definitivamente ambas disciplinas puesto que para cumplir el objetivo formativo de adquirir habilidades y obtener comportamientos necesitamos basarnos respectivamente en las técnicas y valores que promueve la educación.

	Educación	Formación
	Desarrollan el potencial humano	
Proceso	General y de larga duración	Específico y de duración corta
Orientado a	Mejorar las capacidades de asimilar y desarrollar conocimientos, técnicas y valores	Adquirir conocimientos, habilidades y comportamientos
Para	Estimular las capacidades analíticas y críticas	Conseguir la actuación adecuada en una actividad
Centrado en	La persona	La tarea
Implica	Diferenciación del individuo	Uniformidad de los individuos
Se espera	Instalar capacidad de elección	Obtener respuestas previsibles

15 Relaciones entre educación y formación

Considerando además que la formación se puede referir al acto de dar forma, de construir, preferimos utilizar esta acepción en un sentido amplio que abarca también la educación.

Formación para el autoaprendizaje

De esta manera, formar es crear una experiencia que comprometa visceralmente a la persona, porque cuando se implican las emociones entonces se moviliza la motivación que lleva al compromiso y a una pulsión por el autoaprendizaje. Tradicionalmente el autoaprendizaje ha sido lento, pues rara vez nos enseñaban cómo lograrlo. Por eso aprender a aprender marcará la diferencia, acelerando los cambios que se necesitan, tal como se explica en la segunda parte del libro, *La Oportunidad*. Ahora, para que este meta-aprendizaje se produzca tenemos que utilizar técnicas específicas y también acompañar a las personas en los procesos de reflexión, toma de conciencia, y planificación. Ahora necesitamos prestar especial atención a la clarificación del propósito que da sentido a las acciones, a la clarificación de los valores que las sustentan y a la comprensión de las implicaciones sistémicas de estas acciones. Lo haremos a través del lenguaje verbal y no verbal para comprender primero los procesos de pensamiento y sus patrones de forma que luego ayudaremos a remplazar algunos patrones de pensamiento por otros más útiles.

El aprendizaje está afectado por la facilidad para encontrar información que contradiga nuestros patrones mentales. En consecuencia, es cada persona o equipo quien, mejorando su comunicación interna y externa, aprenderá de sí mismo y mejorará el conocimiento. Así, con esta meta-formación se iniciará un ciclo de aprendizaje en el que la persona / equipo reflexiona acerca de una experiencia y obtiene conclusiones de lo vivido para luego experimentar lo aprendido y finalmente volver a reflexionar sobre la nueva experiencia. Definitivamente introducimos a las personas en una espiral de autoaprendizaje, haciéndoles menos dependientes y más eficaces. De esta forma reducimos la necesidad de repeticiones de la formación, lo que hace aún más eficiente la inversión en este tipo de formación.

Normalmente la formación preventiva persigue lograr unos mínimos de seguridad y salud en el trabajo, y como los mínimos los marca la ley, es frecuente que la formación acabe siendo una exposición más o menos prolija de los requisitos legales. Es decir, las expectativas de la formación pueden llegar a distorsionar lo que demandan las organizaciones, lo que ofrecen los centros de formación y lo que obtienen las personas, con la inmensa pérdida que ello conlleva. Otro hecho es que se pretende mejorar el aprendizaje utilizando herramientas y tecnologías efectistas, que muchas veces son llamativas a la par que poco eficaces. Los intentos de mejora de la formación a través del aumento de los recursos generalmente han sido poco satisfactorios; mientras no se acompañen de un cambio en la pedagogía o en los incentivos, los nuevos recursos no ayudan mucho.

Asegurarse de que todas las personas aprenden bien las cosas básicas es posible y además relativamente fácil siempre y cuando la actividad se dirija al aprendizaje y no en otras direcciones.

Aprender de la formación: evaluación y feedback

Analizar significa sacar a la luz lo que es poco útil y admitirlo como primer paso para mejorarlo. Hay que descubrir lo que funciona y repetirlo, encontrar lo que no es útil y desecharlo o mejorarlo. Por eso es sorprendente que sólo el 8.7% de las empresas conocen de forma aproximada la rentabilidad de su inversión en formación[x].

Esta información que necesitamos recibir para aumentar nuestra consciencia, realimentando los procesos para mejorar los rsultados, la denominamos feedback. Un buen feedback motiva, aumenta la autoconfianza y predispone a la mejora. Para proporcionarlo debemos saber la forma más efectiva de hacerlo y estar abiertos asimismo a recibir feedback.

Cuando parte de la formación se realiza de manera práctica el rendimiento de la inversión económica dedicada a la práctica durante el proceso de formación es de 7 veces el de las sesiones informativas.

El análisis es clave para tener éxito. Por eso la mejora de la productividad va de la mano de la evaluación del resultado de las acciones de aprendizaje en la organización. Tenemos que evaluar la eficacia de las acciones realizadas y medir su efecto en la mejora del desempeño en el puesto, al menos en aquellas unidades de competencia que condicionan en mayor medida el éxito. De esta forma realimentamos el sistema con información útil para tomar decisiones que permitan mejorar el diseño, la contratación y la realización de programas formativos.

Como ya hemos dicho, formar es crear una experiencia que comprometa visceralmente a la persona. Pero no basta con el compromiso de quien recibe la formación, hay que perseguir además la eficiencia de la inversión. La eficiencia se incrementa cuando la formación se sustenta en una adecuada planificación, una implementación de calidad y un análisis riguroso de los resultados que dirijan a su mejora.

A todo esto, para asentar los aprendizajes hay que crear en la organización un clima de seguridad apropiado para la práctica continua de las nuevas habilidades, donde no se personalice el fracaso y se fomente una cultura de responsabilidad y aprendizaje (feedback, selección y evaluación, recompensas, definición del puesto de trabajo).

Formación en PRL, realidades alternativas.

Con frecuencia nos quejamos de los pobres resultados de la formación en PRL y tenemos la sensación de que es un gasto obligatorio e inútil. Hay un sentimiento ampliamente compartido por empresarios y trabajadores de que en realidad es un mal necesario que estamos obligados a sufrir. Y en muchos casos es también una realidad. ¿Qué estamos haciendo para obtener estos resultados? ¿Qué podemos hacer distinto para obtener otros resultados más satisfactorios?

No obstante, podemos imaginar otras realidades. ¿Y si la inversión en formación en PRL tuviera un alto rendimiento porque sirviera para mejorar las habilidades de las personas y con ello su eficiencia, mejorando en consecuencia la competitividad de la organización? La diferencia entre ambas realidades es que en el primer caso la formación es un fin en sí mismo, pero en el segundo es un medio. Y las posibilidades que nos ofrece esta segunda perspectiva, son tan amplias y motivadoras como el fin al que preste servicio la formación.

El plan formativo para desarrollar las habilidades necesarias ha de incluir objetivos, estructura y evaluación. Los expertos en gestión del tiempo saben que un esfuerzo en la planificación se ve recompensado por un ahorro del 90% del esfuerzo en las acciones. Expresado en otros términos, podemos decir que el éxito de un programa formativo reposa en la identificación de objetivos: qué se quiere enseñar, para qué y quiénes deben aprenderlo. Debemos huir de la práctica habitual de asignar indiscriminadamente personas a programas de formación y también debemos evitar emprender programas de formación sin antes haber definido específicamente qué resultados queremos obtener en términos de desempeño en el puesto.

En la fase previa a la formación conviene delimitar claramente el problema que se desea resolver, identificar qué necesidades tiene cada persona, implicar a las personas en su propio programa de aprendizaje haciéndoles conscientes de su necesidad de aprender y desarrollar ciertas competencias y asegurarnos de que los intereses de los participantes están alineados con los del programa propuesto. En la fase posterior a la formación se han de proporcionar oportunidades reales de aplicar lo aprendido en el puesto de trabajo y se ha de apoyar y animar a los participantes hacerlo, facilitando el feedback adecuado para solucionar las dudas y corregir las imperfecciones, logrando así la transferencia del aprendizaje. Y en estos procesos previo y posterior a las acciones formativas es fundamental la participación de los mandos intermedios para definir los objetivos y facilitar la transferencia.

Incluso las desventajas más severas en lo que respecta al contexto organizacional pueden compensarse cuando se dan las condiciones adecuadas. Un primer factor es centrarse en las habilidades básicas (orden y limpieza, planificación, comunicación) y comprometerse con la idea de que todas y cada una de las personas puede dominarlos si ellos y sus formadores dedican el esfuerzo suficiente; es muy importante realizar medidas continuadas del resultado del aprendizaje, pues sin estos diagnósticos es imposible evaluar los progresos. Un segundo aspecto es que los formadores deben poseer las habilidades docentes necesarias, y éstas son fáciles de adquirir a través de una formación pequeña, al menos para los formadores de cursos para el personal de línea y mandos intermedios.

En tercer lugar hay mejoras que se podrían alcanzar reorganizando el currículo y las aulas para permitir que las personas puedan aprender de su propia experiencia, especialmente para asegurarse de que incluso los de desempeño más mejorable puedan concentrarse en lo más básico.

Y también puede ser una buena idea fijar objetivos más específicos y cercanos, tanto para los alumnos como para los docentes.

Resultados de la formación tradicional en SST

El hecho de que la mayoría de las personas no esté totalmente comprometida con el objetivo de mejorar la seguridad y salud puede explicar los resultados decepcionantes de los programas de formación. La motivación de estos programas parte de la idea de que las personas desconocen los riesgos y las medidas preventivas, pero si la razón se encontrase en la falta de entusiasmo más que en la falta de conocimientos, no cabría sorprenderse de que la formación apenas sirva de ayuda.

Para mejorar los resultados de la formación primero hemos de reconocer los motivos de su poca de eficiencia. La formación en PRL fracasa porque:

1. El objetivo de la formación está incorrectamente definido
2. Los programas de formación están mal diseñados
3. La formación está mal evaluada
4. La adquisición de programas de formación se basa en aspectos subjetivos y de imagen

Dicho de otra forma, en lo tocante a formación lo normal es repartir café para todos, sin más consideraciones. Y para más inri el mismo tipo de café. Luego, ni siquiera nos informamos de si el café era bueno o de qué efecto ha causado en los individuos la entrega de café. En cambio, sólo unos pocos elijen en el supermercado la bebida que mejor satisface sus necesidades en cada ocasión.

Asumimos que las empresas proporcionan formación en PRL para integrar buenos hábitos preventivos en el desarrollo de las tareas en los puestos de trabajo. En consecuencia, el objetivo de la formación en PRL es lograr un cambio de hábitos. Y la formación tradicional (diseñada para la adquisición de conocimientos teóricos) no es eficaz porque los cambios de hábitos requieren cambiar las estructuras neuronales subyacentes.

En el ámbito de la SST, donde intervienen intensamente aspectos emocionales relacionados con la aceptación de obligaciones, con la asunción de responsabilidades, con el cambio de patrones de comportamiento y con el sentimiento de culpa, la comprensión intelectual es insuficiente para propiciar un cambio verdadero. El cambio profundo requiere reestructurar nuestros hábitos intelectuales, emocionales y de conducta más arraigados.

Para que se produzca un cambio de conducta hay que remplazar un hábito por otro nuevo. Las personas somos víctimas de hábitos aprendidos, aunque podemos desaprender y reconstruir nuestros hábitos. Actuando sobre el pensamiento y las emociones ligadas a él –y viceversa- lograremos los cambios de actitud y los resultados de desempeño deseados.

Para diseñar programas de formación para el cambio de hábitos la comprensión del proceso neuronal implicado resulta crucial. En la medida en que vamos adquiriendo nuestro repertorio habitual de pensamiento, sentimientos y acciones, las conexiones nerviosas en que se apoyan van fortaleciéndose hasta convertirse en caminos prevalentes por los que se desplaza el impulso nervioso. De este modo, las conexiones menos habituales terminan debilitándose mientras que aquéllas otras más utilizadas se fortalecen. Y ante una posible elección entre dos respuestas alternativas, la que disponga de la red neuronal más fuerte será la que gane.

El efecto más general de los cursos de formación es, con suerte, el de aumentar la confianza en sí mismos de los participantes y esto es insuficiente. El entusiasmo y el espíritu de "puedo hacerlo" sólo funcionan si las personas tienen las habilidades y las competencias necesarias para ponerlo a funcionar. Además, para que las personas decidan cambiar, hay que actuar sobre los valores subyacentes a sus patrones de comportamiento.

En realidad muchos programas de formación son adoptados basándose en la persuasión del vendedor, en una publicidad atractiva o en testimonios subjetivos de los participantes, y la evaluación rigurosa del resultado se ve remplazada por la mera impresión superficial de los participantes: sólo se tiene en cuenta si el programa ha gustado a los participantes y este sistema de evaluación favorece la apariencia en lugar de la eficiencia porque concede más importancia a la experiencia amena que a la adquisición contrastada de nuevas habilidades. No existe correlación entre los informes positivos de los participantes y el nivel de aprendizaje alcanzado o su grado de mejora en la actividad laboral. Una adecuada evaluación de los resultados perseguidos debe incluir una valoración del rendimiento laboral basada en el grado de cumplimiento de ciertos criterios objetivos.

La mejora de las competencias en prevención de riesgos laborales requiere una comprensión de los fundamentos del cambio de conducta y la adecuada evaluación de los programas de formación. El fracaso supone un gasto inmenso de dinero en desarrollo y formación, que se suman a la pérdida de oportunidad y además suele ser desmotivador para todos los implicados, propiciando un clima desfavorable para la SST y para otros asuntos relacionados con la gestión de la organización.

En consecuencia, la eficiencia de la formación en PRL mejorara cuando:

1. El objetivo de la formación está correctamente definido
2. Los programas de formación están diseñados para el cambio de hábitos
3. La evaluación de la formación se dirige hacia la mejora de competencias profesionales
4. La adquisición de programas de formación se basa en aspectos medibles y objetivos

CMPRL

6. IMPORTANCIA DE LAS PERSONAS

Mira por tus soldados como miras por un recién nacido. Así estarán dispuestos a seguirte hasta los valles más profundos. Cuida de tus soldados como cuidas de tus hijos, y morirán gustosamente contigo.

Sun Tzu, *El Arte De La Guerra*

Se estima que el aumento de productividad es consecuencia en un 45% de la inversión en bienes de equipo y en un 55% de la inversión en capital humano[xi]. Puede que no quieras o no puedas invertir en bienes de equipo por oportunidad, por ser inversiones caras o por haber alcanzado el techo de equipamiento; entonces debes invertir más en las personas, para mejorar su competencia, porque todo se puede comprar o copiar excepto el talento.

Toda formación tiene como objetivo el cambio y el reto es lograr que las personas tengan la voluntad comportarse de la forma que la organización necesita, que eso les produzca sentimientos positivos motivadores y que les sirva para desarrollar su autonomía. La formación persigue, por tanto, que la persona aprenda a pensar, que aprenda a decidir y que sea capaz de traducir esos pensamientos en comportamientos útiles para la organización, generando en el proceso sentimientos agradables que lo refuercen. En otras palabras, la meta de la formación es que las personas aprendan a aprender lo que necesitan para generar los comportamientos adecuados y que todo ello sea motivador.

En lo referente a la comunicación y adaptación al entorno, una persona es una compleja organización celular organizada en tejidos, órganos, aparatos y sistemas. Las funciones vitales se han repartido en grupos de células especializadas (sistema circulatorio, nervioso, digestivo…) y aunque cada una de las células especializadas conserva funciones estímulo-respuesta, la coordinación de estas señales corresponde al sistema neuronal; es decir, la inteligencia reside en este sistema y por tanto es capaz de coordinar, determinar y dirigir la respuesta de los demás sistemas, tejidos y órganos. Estas señales estímulo respuestas sirven para comunicarse con el medio y permiten al organismo que las capta adaptarse a las circunstancias cambiantes y pervivir.

Análogamente una empresa es una compleja organización de personas, organizada en departamentos, direcciones de área, direcciones corporativas y direcciones generales. Desde esta perspectiva es una giga-estructura celular que, de forma semejante a las personas, está organizada en grupos y equipos especializados, interconectados y coordinados. En las empresas las funciones neurológicas corresponden a los ejecutivos y directivos, y por ello son las personas que ocupan estas responsabilidades las que pueden operar con mayor eficiencia cambios en el desempeño y resultados de las organizaciones que lideran. Para ello deben ser conscientes de las señales, estímulos y respuestas que suceden en cada pequeña unidad de la organización, coordinarlas y dirigirlas.

Cuando observamos la realidad bajo el prisma de la ciencia multidisciplinar, comprendemos que las organizaciones son un hito más en la evolución social de la especie humana. Como tal, responden a los mismos patrones básicos para su persistencia:

- dependen del medio en el que viven,

- necesitan de cuidar a cada una de sus células, órganos y sistemas para que puedan realizar su función correctamente
- reciben las señales del medio y reaccionan a ellas
- deciden las respuestas más adecuadas, las coordinan y las ponen en práctica para poder persistir

Es cierto que ninguna persona es irremplazable, de cualquiera se puede prescindir. Y Es un hecho que las plantillas de las empresas se están reduciendo, son muchos los mandos intermedios de los que se prescinde, al tiempo que se exige cada vez mayor polivalencia y responsabilidad a las personas que permanecen en la empresa. Tómate unos segundos y responde a esta pregunta: ¿qué tendría que aportar una persona para que la mantuvieras en nómina?

Probablemente te hayan venido a la mente expresiones como: poco conflictivo, flexible, eficiente, confiable,... Lo que subyace son cuestiones más de fondo como: responsabilidad, respeto, honestidad, compromiso, esfuerzo, motivación... Estamos hablando de comportamientos y de valores. Lo que de verdad aportan las personas a las empresas son valores. Los valores que aportan las personas y su encaje con los de la empresa son los que las hacen valiosas y difícilmente remplazables. Así que las personas válidas son las que comparten con la empresa los valores que ésta necesita. Y recíprocamente es la empresa la que debe propiciar que las personas desarrollen sus valores para que se produzca un intercambio y transferencia beneficiosos para ambos. Las personas sólo actúan espontáneamente cuando son movidas por sus valores y si además encuentran el apoyo y reconocimiento de la organización. En consecuencia desarrollarás el potencial de tu empresa cuando desarrolles el potencial de las personas que trabajan en ella.

Cuanto más descontrolado sea el entorno en el que operamos, más necesaria es la capacidad de interpretar sus movimientos, de tomarle el pulso. Actualmente las empresas y el personal están cada vez más deslocalizados, las estructuras organizativas son más planas y se producen además continuos cambios rápidos fruto de la globalización. La inteligencia de la organización depende de la adecuada y oportuna distribución y procesamiento de los diferentes tipos de información. Como la unidad mínima de gestión de información es la persona, necesitamos servirnos de ellas para conseguir resultados y lo lograremos sabiendo cómo agruparlas, cómo atraer su colaboración y cómo crear la masa crítica para llevar a cabo la tarea. Para eso, necesitamos tener personas sanas y saludables capaces de realizar esta función básica tan importante. Las células con mal estado de salud producirán en el mejor de los casos funcionamientos poco eficientes de las unidades organizativas superiores a las que pertenecen y en el peor de los casos, como si de un cáncer se tratase, pueden incluso transmitir rápidamente malfuncionamientos que pongan en riesgo toda la organización.

Una organización se estructura en torno a los modelos mentales de las personas que la dirigen. Primero tenemos las ideas y después las convertimos en realidades. Y esto hace que cuando hay una gran diferencia entre los modelos mentales de las personas que dirigen y las personas que realizan el trabajo, el potencial de la organización se ve lastrado, encuentra resistencias a su avance y no desarrolla plenamente su competitividad. Con frecuencia el cambio de modelo mental es el punto de palanca a través del cual se desencadena toda una serie de transformaciones. Por ello si la resolución de un problema no conlleva un cambio de modelo mental, el problema no se habrá resuelto en su totalidad. Según las funciones que realizan podemos agrupar a las personas de una organización, y sobre cada uno de ellos es posible trabajar sus modelos mentales para mejorar.

Directivos y ejecutivos (los trabajadores de la estrategia y la decisión)

Es tarea de la dirección de la organización detectar qué es lo que está en juego, y movilizar los recursos para continuar avanzando. En un contexto en el que la globalización y continuos cambios rápidos han transformado las organizaciones, deslocalizando centros de trabajo y aplanando su estructura, se hace más difícil sentir los movimientos del mercado y de la sociedad. Por eso, cuanto más descontrolado sea el entorno en el que nos movemos, más necesaria es la capacidad de recibir e interpretar información útil.

Entre las habilidades cognitivas de más impacto en las organizaciones están la modelización y el pensamiento sistémico, consistentes en adoptar un pensamiento estratégico y conceptual basado en la adquisición y gestión de gran cantidad de información y en la identificación de pautas relevantes para prever el futuro.

No existe una clara separación entre y los pensamientos y las emociones, ya que por un lado las emociones están inevitablemente cargadas de pensamientos, por otro los pensamientos pueden cambiar las emociones, y neurológicamente ambos procesos cerebrales se encuentran estrechamente relacionados. Este hecho refuerza el valor de la gestión de las emociones como clave para la adquisición y gestión de la información, y afirma la especial relevancia del conocimiento y dominio de las emociones para la elaboración de juicios de valor y para el aprendizaje.

Por su parte los estados de ánimo (que pueden depender de la propia persona o de condiciones externas) modifican la forma de pensar. El sesgo que pueden provocar en el pensamiento, también magnifican el impacto de las emociones, lo que hace que la gestión de los estados de ánimo en las personas y en las organizaciones sea, asimismo, un aspecto fundamental para tanto para el aprendizaje como para la toma de decisiones.

De los tres ámbitos de competencias de los trabajadores (capacidad intelectual, experiencia y habilidades interpersonales) son las habilidades interpersonales (inteligencia emocional), que determinan cómo nos relacionamos con nosotros mismos y con los demás, las que en mayor medida condicionan los procesos de comunicación, crítica constructiva y aprendizaje necesarios para el cambio decisivo. De hecho los trabajadores más sobresalientes deben 2/3 de su éxito a sus competencias emocionales y sólo 1/3 a las habilidades cognitivas o técnicas, y cuánto mayores son las responsabilidades en la organización, más peso tienen las competencias emocionales[xii].

La incertidumbre es un elemento permanente en la toma de decisiones. El contexto de cambio permanente en que desarrollan su actividad las organizaciones les obliga a transformarse y justifica la necesidad de disponer de buenos líderes para conseguir con sus colaboradores asegurar el éxito de sus organizaciones. La visión de un líder sirve para impulsar en origen la innovación. Por eso un buen líder debe transmitir con su visión las emociones que la hacen creativa e inspiradora.

En buena medida el objetivo de un directivo es dedicarse a despertar grupos de interés internos y externos, sembrar continuamente ilusiones posibles y retadoras y demostrar los valores que predica. Lo vemos en los equipos deportivos, donde el entrenador es clave para despertar las emociones que llevan a las personas a querer esforzarse para alcanzar grandes objetivos y logran implicar en sus proyectos a personas dentro y fuera de su club. Porque una organización necesita de este estímulo para que las personas logren desarrollar proyectos ambiciosos y motivadores.

El gerente sólo tiene dos tareas: lograr que el trabajo se haga y que el equipo a su cargo se desarrolle. Y para ello debe basarse en aumentar la consciencia y la responsabilidad de las personas.

Hay que preparar el camino acortando distancias entre las personas de los distintos estamentos, preparando a quienes están al mando para que sean generadores, receptores e impulsores de nuevas ideas para el cambio decisivo. También hay que preparar a los mandos intermedios para que adquieran las habilidades que les permitan construirlo y ponerlo en práctica.

Los resultados de una organización son el fruto de lo que hacen sus empleados, lo que depende del desarrollo de su potencial competitivo; y estos resultados pueden ser el más que una suma. Hablando en sentido amplio, la inteligencia es la capacidad de resolver problemas, hacer frente a los desafíos o crear productos valiosos. En este sentido, la inteligencia de una organización depende de la adecuada y oportuna distribución y procesamiento de los diferentes tipos de información, y la sabiduría de la organización radica en el modo informal, improvisado y a menudo inspirado en que las personas resuelven problemas reales de un modo que los procesos establecidos no pueden prever. En cierto modo se trata de dotarnos de flexibilidad suficiente para evitar las rigideces que dificultan reaccionar con rapidez para solucionar imprevistos en tiempo y forma; en otras palabras, prever cómo reaccionar eficientemente ante lo imprevisto, superando las rutinas que hacen que la calidad habitual de nuestros productos y servicios sea inadecuada.

El conocimiento y la experiencia están distribuidos por toda la organización, así que nadie puede llegar a conocer toda la información que necesita el grupo. Por eso es tan importante adoptar estrategias que mejoren la comunicación a través de toda la organización. Y es que el trabajo y el aprendizaje son actividades sociales, por eso las organizaciones son en realidad redes de participación. Cada departamento en la organización (RRHH, PRL, producción…) tiene su propio objetivo hacia el que dirige su atención. Suele suceder que cuando los intereses del departamento o de las personas que lo dirigen pesan más para ellas que los objetivos de la organización, entonces las direcciones hacia las que dirigen sus esfuerzos son contraproducentes porque contrarrestan unos a otros. Mientras tanto, el logro de los objetivos de cada departamento depende en última instancia del mismo elemento: el comportamiento de las personas que trabajan allí, en la organización. Por eso definir un objetivo de mejora referido al desempeño de las personas y trabajar para conseguirlo será una responsabilidad compartida por todos si queremos lograr un cambio decisivo; y cuando los departamentos y la organización trabajen en equipo optimizarán el rendimiento.

Ahora bien, ¿cuáles son los elementos que permitirá formar un equipo a partir de intereses aparentemente contrapuestos? Responderemos acertadamente definiendo los requisitos para que una persona trabaje más y mejor, los requisitos para que una persona encuentre recompensado su esfuerzo sin aumentar la retribución económica, los requisitos para que una persona sea menos conflictiva y cause menos bajas por enfermedad, los requisitos para que una persona se implique en el objetivo de la organización/departamento, los requisitos para que una persona cumpla con agrado (quiera cumplir) las normas y procedimientos, los requisitos para que una persona muestre proactividad para la detección e implementación de oportunidades de mejora,… Resumiendo, ¿cómo lograr que las personas decidan esforzarse para lograr los objetivos de su organización sintiéndose recompensadas, felices y saludables?.

La mejor manera de cambiar a los demás es cambiar uno mismo, porque así cambiamos las relaciones, de forma que los demás deberán cambiar también. Por eso se suele invertir tanto esfuerzo en mejorar las habilidades de los máximos dirigentes de las organizaciones. Los directivos y ejecutivos no sólo han de promocionar el cambio sino que han de ser los primeros en producirlo. No obstante hay otro grupo de personas que, haciendo el símil con un coche, hacen una doble labor de transmisión de la fuerza motriz y de la dirección para que avance como queremos, son los técnicos y los mandos intermedios. A veces se pierde mucho tiempo y recursos en intentando cambiar a alguien en un nivel, mientras en otros se comportan de una forma que refuerza totalmente aquellos comportamientos que queremos cambiar en los primeros.

Técnicos y mandos intermedios (los trabajadores del conocimiento)

Hay personas que, aunque reciben estímulos desde arriba y desde abajo, su trabajo depende de ellos mismos, no de lo que les digan otras personas: son los técnicos. Los técnicos son trabajadores del conocimiento, sus conversaciones configuran el entorno en el que elaboran y transmiten su saber y su autonomía sólo es posible si va de la mano del autocontrol, la confiabilidad y la integridad. Por lo tanto es determinante que posean habilidades de comunicación avanzadas que les permitan actuar como catalizadores los procesos de mejora y del cambio que impulsan la competitividad.

Hay dos factores que de forma conjunta están determinando el cambio de estructura de las organizaciones. Por un lado, la mayor competitividad derivada de la globalización exige el adelgazamiento de las plantillas. Por otro lado la mayor complejidad de las tareas y la concepción sistémica del trabajo y la organización hace que exijamos mayor **responsabilidad a** cada persona, lo que significa mayor autonomía, autocontrol y una supervisión diferente y menos personalizada; la adjudicación de responsabilidades y del trabajo se realiza cada vez con más frecuencia a equipos en lugar de a personas. Y todo ello hace que la figura del mando intermedio tenga cada vez menos presencia en las organizaciones, que adquieren estructuras más planas. Aunque no podemos actuar sobre la globalización, sí podemos hacerlo en la organización.

A pesar de que cada vez haya menos mandos intermedios, su importancia es clave. Los mandos intermedios son los catalizadores del cambio, porque poseen experiencia práctica, están en contacto con lo que ocurre y saben cómo funcionan realmente las cosas; su aportación es reconocer el valor de una nueva idea o manera de hacer las cosas y trabajar para ponerla en práctica; deben tener un alto nivel de confianza en sí mismos, alto grado de influencia, compromiso, motivación, iniciativa y optimismo; también cierto instinto para la política del mundo organizativo, perseverancia para superar los obstáculos y resistencias que se presenten y habilidad para forjar coaliciones de apoyo hasta que alcance una masa crítica que le permita alcanzar su meta; y para ello debe alentar las emociones y apelar a la sensación de valor y sentido de cada persona.

Cualquier empresa excepcional depende, ante todo, de que tenga personas autodirigidas y automotivadas. Si las personas que ocupan puestos clave no lo están, se instituyen procedimientos burocráticos para compensar sus ineficiencias; esto a su vez aleja a las personas competentes (les irrita la burocracia, no toleran trabajar con personas incompetentes…) lo que favorece más burocracia alimentando un círculo vicioso que nos aleja de la excelencia. Tal y como veremos más adelante, no es necesario tener normas sin sentido y una burocracia absurda.

Equipos de trabajo (enlaces entre los trabajadores)

Dentro de una organización que no funciona bien el talento se contrae y pasa desapercibido. Dentro de un equipo que funciona bien, el talento se expande. Y el potencial competitivo de una organización depende del resultado conjunto de lo que conocen y hacen las personas. Tal como es sabido, cada uno de nosotros dispone sólo de una parte de la experiencia o información necesarias para llevar a cabo un determinado trabajo, por eso la red o el grupo de personas a quienes debemos pedir información y experiencia es cada vez mayor. Por eso cuando formamos equipos y trabajamos con ellos el potencial competitivo de la organización aumenta.

A diferencia de un grupo, en un equipo las personas aprenden y evolucionan y con ellas el equipo como unidad, de manera que el equipo genera resultados que son más que la suma de sus partes; en un equipo no hay jugadores que brillan y aportan más que los demás, todos tienen un enfoque claro y unos valores; el equipo tiene unos objetivos de desempeño compartidos sobre los que todos los miembros comparten responsabilidad; los miembros no necesitan estar presentes físicamente para trabajar. Estas mismas conductas, compromisos, habilidades y responsabilidad que están encaminados a metas de rendimiento y fines específicos, hacen que puedan ayudar a identificar y construir los cambios de conducta particulares que demanda el rendimiento. De esta forma los equipos integran naturalmente el rendimiento con el aprendizaje.

Cuando invertimos en equipos hemos de saber que el resultado del equipo no es proporcional al esfuerzo; mejor aún, se pueden crear sinergias que magnifican el esfuerzo y el resultado puede ser novedoso y sorprendente. Un equipo es un sistema, y por tanto las reglas de los sistemas se aplican al equipo. Hay dos reglas que hacen que los equipos sean el vehículo idóneo para producir y magnificar cambios en las organizaciones: como los sistemas están integrados en otros sistemas cualquier cambio en un sistema afecta a los demás; y además la mejor forma de cambiar un sistema es cambiar uno de sus elementos, porque se modifican las relaciones con los otros y éstos tendrán que adaptarse. Trasladado a la realidad de una organización significa que si formamos un equipo multidisciplinar en el que sus miembros provengan de distintas áreas organizativas y le hacemos trabajar juntos el tiempo suficiente, las personas aprenderán y experimentarán cambios que les hacen ser más eficientes; además el cambio que experimente cada persona lo trasladará a su área organizativa de origen, lo que extenderán los resultados de la inversión, con un efecto multiplicador a toda la organización.

Cuando trabajamos con equipos multidisciplinares para el cambio decisivo es de suma importancia la composición del equipo. Una composición típica incluirá personas de diferentes áreas organizativas con las siguientes misiones:

- Los que fijan la orientación general
- Los que controlan los recursos fundamentales
- Los que gestionan las relaciones con los principales clientes, proveedores y contactos políticos
- Los ejecutores del plan

Por sí solos el talento y las habilidades técnicas no hacen a un equipo eficiente. El equipo tiene normas de funcionamiento aun cuando no lo sepa: los valores son normas que determinan cómo logra el equipo sus objetivos y las relaciones son la clave del funcionamiento del equipo como sistema. Así que los valores son un buen punto de referencia para resolver conflictos y por eso es importante identificarlos desde el principio y priorizarlos cuando llegue el caso así como también es necesario desentrañar las relaciones entre los miembros del equipo para potenciar las más útiles y aumentar así el rendimiento.

Por más que las cosas vayan bien, suele llegar un momento en que el equipo se bloquea. Eso significa que el equipo está haciendo algo activamente para seguir bloqueado y la clave para avanzar puede ser dejar de hacer algo que esté obstruyendo el avance en lugar de esforzarse más por avanzar.

Cuando funcionan bien, la autonomía y la cooperación que se dan en los equipos autogestionados son el caldo de cultivo para que la personas disfruten más de su trabajo y se produzca mayor productividad, al tiempo que se reducen la rotación y el absentismo; además, la sensación de control, la toma de responsabilidad individual y colectiva, y la libertad para la adopción de soluciones internas se coaligan para reducir el estrés, otros de los factores que merman la competitividad.

Ahora hace falta una inteligencia emocional que lubricará la mente del equipo multiplicando los potenciales individuales para lograr su máximo rendimiento.

7. CAMBIAR CONDUCTAS

Las personas toman decisiones a partir de lo que ellas mismas consideran que tiene sentido, y dado que la mayoría de ellas no ha estudiado SST y que tienen pocos motivos para confiar en la profesionalidad de los prevencionistas, sus decisiones se pueden parecer bastante a palos de ciego. Ya que en la mayoría de las ocasiones el riesgo no se materializa en accidente, es fácil llegar a conclusiones causales falsas: si, contraviniendo el criterio del prevencionista, trabajo en condiciones inseguras o mi comportamiento es inseguro, y no se produce un accidente, entonces el criterio del prevencionista es absurdo y no merece la pena esforzarse en seguirlo; por el contrario, si sigo el criterio del prevencionista y tengo un accidente, entonces el criterio del prevencionista no merece la pena ser seguido.

El mismo tipo de problemas nos afecta a todos: la falta de información, las creencias infundadas y la tendencia a dejar las cosas para más tarde. La cantidad de esfuerzo que la gente está dispuesta a invertir, incluso en estrategias preventivas muy económicas, está limitada por la información imperfecta sobre sus ventajas y por el gran énfasis que se pone en el presente; cuando las estrategias requieren mayor esfuerzo, las resistencias son mayores. Por lo que respecta a cómo actuar, el reto es doble: asegurarse que las personas cumplen con las medidas preventivas que necesitan y que se les han proporcionado, y además restringir las medidas preventivas que no necesitan para prevenir la resistencia a ellas.

Si queremos obtener resultados distintos tenemos que hacer algo distinto de lo que hacemos. Cuando nos planteamos cambiar alguna conducta hemos de considerar la voluntad de hacerlo, la actitud que lo facilita y los hábitos que lo dificultan.

Dirigir una organización es lograr que las personas quieran hacer lo que tienen que hacer. Lo otro es ineficiente, porque sustituir la voluntad de los diversos miembros de la organización es imposible, y forzarla mediante controles exhaustivos es costoso ya que la gente acaba encontrando la forma de sortear lo que les incomoda y se entra en una contraproducente espiral de controles e incumplimientos reiterados.

La voluntad hay que trabajarla indagando y alineando los valores de la organización y de las personas, y en ocasiones rompiendo mitos y creencias limitantes. Es necesario tomar consciencia de lo que sentimos, pensamos y hacemos, cuestionarnos su utilidad y encontrar su intención positiva y, a partir de aquí, podemos construir otros hábitos. Hay que dar vueltas a estas ideas -hábito, utilidad, intención positiva- hasta que encajen: ¿cómo podemos alcanzar el objetivo de nuestros actos ineficientes manteniendo su intención positiva?

Los hábitos serán convenientes cuando sean útiles y estimulantes. Ahora hay que identificar los que son convenientes para la organización, los equipos y las personas y luego mostrar las vías para asumirlos, porque ejercitando hábitos estimulantes será más fácil lograr nuestras metas. El éxito viene por comprometerse con simples y sencillas acciones, apegándose continuamente a ellas, y eso tiene mucho que ver con la predisposición que proporciona nuestra actitud.

Los hábitos se construyen poco a poco repitiendo acciones con perseverancia y en el proceso se producen reincidencias como consecuencia del cansancio, de resultados aún insatisfactorios o de la inercia de hábitos anteriores. El éxito se alimenta de fracasos; así que aceptando con **optimismo que las dificultades son una ayuda para el aprendizaje nos impulsará a vencer la** tentación de abandonar; pues superando las dificultades ganamos una actitud que nos mueve hacia adelante, porque reafirmamos nuestra capacidad, nuestra autoestima y nuestra confianza. La actitud es cómo eliges pensar acerca de las cosas, e incluye una serie de creencias, sentimientos y sensaciones basados en la manera en la que has interpretado tus experiencias. Con la actitud correcta se pueden transformar problemas en soluciones.

Debemos esforzarnos por mantener los hábitos adecuados, proporcionando las ocasiones que actuando como disparadores permitan practicarlos constantemente y vigilando que se practican y que continúan siendo los más útiles. Igual que la buena forma física, los hábitos se pierden si no se ejercitan constantemente.

El cambio de hábitos pasa por cuatro fases: inconsciencia, contemplación, preparación y acción. Al principio, en la fase de inconsciencia falta claridad y perspectiva; como no vemos el problema se producen resistencias al cambio que tenemos que vencer porque necesitamos aflorar el problema y las resistencias aumentando la consciencia. Es en este tránsito contemplativo cuando comenzamos a pensar en la posibilidad de cambiar y surge la ambigüedad; cada vez hay más certeza sobre la necesidad del cambio, entonces comenzamos a centrarnos en la necesidad de perseguir una solución y elaboramos un plan de acción. Luego, cuando pongamos en práctica el plan de acción aceptaremos el programa de cambio y comenzaremos a modificar pautas emocionales y modos de pensar sobre nosotros mismos. Pero el resultado del cambio depende del éxito de la fase contemplativa en la que se ha evidenciado la conveniencia del cambio y de la fase preparatoria en las que se ha elaborado un adecuado plan de acción.

Cada uno de nosotros hace su propia interpretación de las cosas, lo que significa que las cosas no son lo que parecen sino lo que hacemos de ellas. Así que podemos hacer que las cosas sean distintas sólo con pensar de forma diferente acerca de ellas y podemos cambiar la manera en que pensamos sobre algo para hacerla más útil.

Esto no significa que cuando pensamos en algo de manera poco útil tengamos algún trastorno o algo parecido, sencillamente en esa ocasión hemos hecho las cosas de determinada manera. En este sentido, conviene distinguir lo que hacemos de lo que somos: cuando hago algo mal no significa que yo sea malo, solamente que en ese momento no lo hice suficientemente bien. Cuando me identifico con algo y me etiqueto como tal (soy malo), mi inconsciente se ve obligado a justificar mi identidad con comportamientos congruentes con ella; en cambio, cuando reconozco un comportamiento de forma diferenciada de mi identidad (he hecho esto mal), me otorgo la oportunidad y la responsabilidad de cambiar. Si además manejo hábilmente el lenguaje en lugar de decirme: *lo he hecho mal*, puedo decirme: *aún no lo he hecho suficientemente bien*, lo que tiene una importante carga motivadora e imprime responsabilidad en lugar de culpa.

Claro que pensar y hablar así además de una habilidad es un hábito, y los hábitos se aprenden igual que las habilidades se adquieren. Porque todos contamos con los recursos para cambiar. Aunque con frecuencia no lo sabemos o no hemos desarrollado esa capacidad, así que cada cual hace en cada momento las cosas lo mejor que sabe, movido por una intención positiva. No obstante, como contamos con cerebro y sentido del humor, contamos con todo lo necesario para cambiar. Se trata de ir aprendiendo a utilizarlos para lograr cambios permanentes. Así que si podemos averiguar cómo satisfacer la intención positiva con un comportamiento más adecuado el cambio será mucho más sencillo. Si podemos averiguar cómo pensamos acerca de las cosas y aprendemos a pensar de forma diferente podremos sentir de forma diferente y actuar de forma diferente.

Ahora, para que el cambio de hábito sea posible hemos de interrumpir la secuencia de acciones que componen un hábito e introducir un espacio de reflexión; luego intercalaremos en ese espacio una acción diferente que sea más apropiada para el nuevo hábito que queremos obtener, y perseveraremos en practicar esta estrategia hasta que el nuevo hábito sea ya automático.

En realidad esta es la más elemental de las tres opciones que tenemos para cambiar un hábito. La primera de ellas la encontramos en el mismo momento en que se genera el pensamiento, pero como es casi imposible ser consciente de este proceso mental. En cambio sí que podemos adquirir consciencia, con la práctica continuada, de la sucesión de pensamientos y del proceso de evaluación y toma de decisiones que acontecen antes de pasar a la acción. Este segundo momento nos proporciona una nueva oportunidad de cobrar conciencia del impulso, reevaluarlo y elegir una respuesta más acorde. La tercera posibilidad es la que mencionamos en el párrafo anterior y, normalmente la más sencilla de poner en práctica. Consiste en tomar conciencia de la acción en el mismo momento en el que está sucediendo, observándola, para así controlar nuestras acciones e interrumpir o modificar nuestros hábitos.

La puesta en práctica de esta habilidad es sencilla. Puedes utilizar para comenzar a practicar, por ejemplo, el momento en que alguna emoción te secuestra y a continuación se desencadenan acciones que no deseas. Entonces, en el mismo momento que detectas a través de la tensión de tu cuerpo que la emoción te posee y te impide actuar reflexivamente, puedes crear tu espacio de reflexión prestando nuestra atención a los pensamientos que tienes en mente. Puede ser que estés pensando: "esta situación es injusta", "me merezco algo mejor", "me tratan mal"…. y normalmente estos pensamientos los rumiamos en un bucle que se realimenta y alimenta la emoción que nos embarga. Entonces hay quien, simplemente, centra su mirada en aquello que tiene en frente, por ejemplo, las letras del teclado del ordenador; ve que algunas de ellas están desgastadas por el uso, y entonces empieza a observarlas y a decirse en su mente: "tengo una mancha blanca en la uña, es la uña del dedo medio, una mancha blanca en la uña del dedo medio, la mancha es pequeña, la mancha blanca es irregular, la mancha blanca es imperfecta, podía ser circular pero sería muy raro, esta mancha blanca se difumina por sus lados, parece una nube blanca en miniatura…." y así repetidamente, el tiempo necesario.

De esta forma, cuando ocupas la mente con un pensamiento no dejas lugar para los otros, y así comienzas a modificar también tus sentimientos, lo que es el primer paso para cambiar tus acciones. Esta es sólo una posibilidad, también hay quien sale a dar un paseo al parking y entonces se centra en escuchar el sonido de sus propios pasos en la gravilla e incluso después es capaz de sentir la gravilla a través de los zapatos. Otros se centran en la respiración, y observan lo rápida que es, y observan que poco a poco se va haciendo más pausada, incluso escuchan el sonido del aire cuando lo inhalan y lo exhalan, y se dan cuenta de que su tensión va disipándose, poco a poco, y entonces comienzan a pensar con más claridad….

Para afrontar los cambios es decisivo tener cierta actitud. Necesitamos ser conscientes de lo que hacemos y lo que pensamos, estar abiertos a la idea de estar equivocados y desarrollar esta apertura mediante la práctica de observar las cosas desde numerosas perspectivas. Luego, cuanta más curiosidad tengas más información buscarás y más listo te volverás; desarrollar la habilidad de hacer preguntas y admirarse de las cosas es fundamental para lograrlo.

Esta actitud de partida debemos complementarla a continuación con una actitud flexible que aproveche nuestra creatividad para tener más opciones y así más control sobre las cosas; actuando con la determinación que proviene de nuestro compromiso con el éxito y nos lleva a no rendirnos, tomando cada derrota como un aprendizaje y renunciando a darnos por vencidos en cualquier etapa; y ganando en pragmatismo cada vez al preguntarnos continuamente, ¿qué es lo más útil que podríamos realizar ahora?

Ahora, para iniciar el cambio necesario debemos adquirir consciencia y capacitación.

8. COMPETENCIAS PROFESIONALES

Competencias profesionales, patrones de éxito.

Una organización vale tanto como las personas que trabajan en ella. Por eso identificar patrones de éxito en el desempeño laboral es crucial para el éxito de las organizaciones. ¿Qué hacen los mejores? ¿Cómo lo hacen para ser los mejores? Una buena identificación de patrones de éxito se realiza analizando el desempeño de personas de eficiencia normal y de otras personas muy eficientes para identificar los requisitos de desempeño mínimos y excelencia. Estos requisitos de desempeño son lo que llamamos competencias profesionales y forman el *conjunto de conocimientos y capacidades que permitan el ejercicio de la actividad profesional conforme a las exigencias de la producción.*

Para desarrollar las competencias profesionales no basta con saber cuáles son, sino que hay que seguir un proceso en tres etapas: primero identificar las competencias profesionales; luego determinar la estrategia para alcanzarlas y ponerla en práctica –plan de carrera, programas de formación, etc; y finalmente evaluar los resultados obtenidos para detectar oportunidades de mejora –evaluación del desempeño-.

Hay dos tipos de competencias profesionales: por un lado las transversales a los distintos puestos de trabajo y que denominamos competencias genéricas –"blandas"-, y por otro las específicas de cada puesto de trabajo y normalmente con mayor componente técnico, que denominamos competencias específicas –"duras"-. Las competencias genéricas definen la inteligencia emocional y en general son más lentas y difíciles de adquirir que las específicas. Es un hecho demostrado que el éxito en el trabajo depende más de competencias "blandas" (conciencia de uno mismo, autocontrol, motivación, empatía, habilidades sociales) que de competencias "duras" (conocimientos y habilidades técnicos). En general, en los casos de excelencia en el desempeño la 2/3 del éxito se debe a las primeras y sólo 1/3 del éxito se debe a las segundas, y este ratio es más elevado cuanta mayor responsabilidad se detenta en el puesto (en ejecutivos y directivos)[xiii].

En los casos de excelencia en el desempeño, los directores generales comparten con otros trabajadores estrella que la inteligencia emocional es parte esencial de su éxito; estamos hablando de competencias personales como la motivación para el logro, la confianza en uno mismo y el compromiso, y de competencias sociales como la influencia, la conciencia política y la empatía; a esto hay que sumar como factor clave del éxito habilidades cognitivas como la modelización y el pensamiento sistémico (pensamiento estratégico y conceptual, adquisición y gestión de gran cantidad de información e identificación de pautas relevantes para prever el futuro) en el caso de los directores, y conocimiento, habilidades propias del puesto y sentido común en el caso de los demás trabajadores.

La razón por la que los procesos de Coaching mejoran en un grado tan elevado el éxito en el desempeño laboral es que desarrollan en las personas esas competencias "blandas" en mayor o menor medida. Esto hace que invertir esfuerzos en desarrollar estas competencias sea tan beneficioso para la organización. Y por eso muchas organizaciones invierten en procesos de Coaching, porque saben que recuperarán con creces la inversión.

Competencias preventivas

Desde el punto de vista de la prevención de riesgos laborales debemos considerar las competencias preventivas solidaria e indistintamente con las productivas. Es decir, las competencias productivas y preventivas son las mismas. Es poco útil trabajar primero y hacer prevención después -o viceversa- y además se corre el riesgo reducir la eficacia una de las dos partes en favor de la otra. Pongamos un ejemplo: un carnicero ha de pensar en filetear la carne utilizando el guante de malla de acero; porque pensar en filetear la carne y luego en ponerse el guante sería poco eficaz desde un punto de vista preventivo y probablemente en poco tiempo acabaría fileteando sin guante; la otra opción, pensar en ponerse el guante y luego en filetear, sería poco eficiente desde un punto de vista productivo porque como la persona tendría que poner en marcha dos procesos de pensamiento separados acabaría por disociar ambas acciones y por abandonar aquella cuyo resultado es menos evidente –un kilo de carne fileteada es más evidente que un accidente evitado-. Por eso la consciencia, el autocontrol, la motivación, el compromiso, la comunicación y la cooperación son algunas competencias fundamentales para integrar la prevención y realizar un trabajo sano y saludable. Y esto hace que desarrollar las competencias "blandas" sea clave también para el éxito preventivo.

Tal como avanzábamos al hablar del papel del técnico en PRL, es multifacético. El técnico en PRL debe tener un alto grado de implicación en la gestión de la organización para conseguir buenos resultados a través del bienestar (seguridad y salud) de los trabajadores. Sus cometidos hacen que sus responsabilidades estén relacionadas con distintos ámbitos, como los sistemas de gestión, el nivel de desempeño en el puesto, la formación y el desarrollo del talento. Por eso, para que su trabajo tenga un alto valor añadido, resulta muy conveniente asignar al prevencionista un papel que trascienda al tradicional de forma que se reconozca públicamente y se potencien su cometido como gestor, consultor técnico, coordinador, de intermediación, negociador, comunicador y formador.

Todas estas responsabilidades hacen que la actitud del técnico de prevención, antesala de su comportamiento y llave de su desempeño, comprenda tres niveles sucesivamente incluyentes: reactividad, proactividad y creatividad. Debe tener una actitud reactiva que le empuje a reaccionar ante los acontecimientos para reducir y remediar los daños. Además, debe tener una actitud proactiva que tire de él para establecer estrategias que le permitan anticiparse a los acontecimientos, generando procedimientos que disminuyan las posibilidades de que los riesgos se materialicen así como minimicen el daño potencial. Y por encima de todo debe tener una actitud creativa que le haga visualizar de cómo evitar que sucedan los acontecimientos (eliminar el riesgo), creando condiciones nuevas que modifiquen o cambien el contexto en que se generan.

La actitud creativa responde al primero de los principios generales de la PRL, eliminar el riesgo. Se centra en cambiar el contexto y ello supone cambiar las relaciones entre los distintos elementos de ese contexto, lo cual afecta en mayor o menor medida a toda la organización. En consecuencia para ejercitar esta actitud hacer falta tener una visión sistémica de la SSL y de la organización, así haber sido investido por la organización con la responsabilidad y la autoridad pertinentes. Es decir, hace falta además de la competencia profesional necesaria, que la organización establezca claramente cuáles son las reglas del juego.

Por su parte la actitud proactiva genera procedimientos que tratan de determinar la forma más segura de hacer las cosas, la forma correcta. Y la actitud reactiva no impide que se materialice el riesgo, sino que, con suerte, minimiza las consecuencias; en este sentido presenta cierta analogía con la utilización de los equipos de protección individual: una casco no evita el golpe, pero puede hacerlo menos lesivo. Estas dos forman parte del limitado cometido tradicional del prevencionista.

En este contexto de las competencias del Técnico en Seguridad Y Salud Laborales. Estas competencias comprenden por un lado las competencias técnicas, y por otro las genéricas. Además la sintetizamos a continuación exponemos con más detalle correspondiente anexo al final del libro.

Conceptualmente la competencia profesional es el producto de los conocimientos, habilidades y actitudes que componen el comportamiento requerido para desempeñar las tareas propias del puesto de trabajo.

Técnicamente una competencia profesional se define por la suma de competencias genéricas y específicas (denominadas también c.. técnicas) necesarias para desempeñar las tareas del puesto, se realiza conforme una estructura determinada y se expresa siguiendo una norma gramatical léxica concreta. De esta forma se facilita la objetividad en los procesos de evaluación.

La competencia profesional (descripción competencial del puesto de trabajo) se divide en unidades de competencia (UC). La unidad de competencia se subdivide en realizaciones profesionales (RP), que describen los comportamientos esperados de la persona, objetivables por sus consecuencias o resultados, para poderla considerar competente en esa unidad. Con el fin de evaluar sus comportamientos, se definen sus criterios de realización (CR), que expresan el nivel aceptable de la realización profesional para satisfacer los objetivos de las organizaciones productivas y, por tanto, constituye una guía para la evaluación de la competencia profesional.

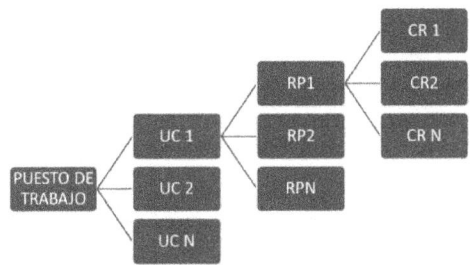

16 Estructura básica de una competencia profesional

Las competencias genéricas que proponemos a continuación proceden de la adaptación de las competencias emocionales identificadas por Daniel Goleman [xiv]. Hemos realizado ligeras modificaciones con el fin de expresarlas con los parámetros académicos actuales para la definición de competencias profesionales.

Por su parte, en las competencias técnicas hemos identificado dos unidades de competencia que se corresponden con las necesidades actuales a las organizaciones, relacionadas por un lado con la gestión de la SST y por otro con la comunicación y formación. El hecho de que alineemos ambas cuestiones del mismo nivel de importancia se debe a dos factores, uno tiene que ver con el actual estado de evolución de los sistemas de gestión en las organizaciones, y otro con el actual estado de desarrollo formal de las habilidades de formación.

La primera cuestión supone que para lograr la plena integración de la SST en las organizaciones es preciso realizar una labor de comunicación y formación continuada, paciente y eficaz, a todos los niveles. Normalmente, con el paso del tiempo y el desarrollo de las organizaciones, esta faceta reduzca su importancia y desciende desde la categoría de unidad de competencia hasta la de realización profesional.

La segunda cuestión supone que en general las acciones de comunicación y formación se llevan a cabo sin los conocimientos y habilidades necesarios, lo que produce resultados pobres. Con esta consideración, y teniendo además en cuenta la trascendencia de la formación y la comunicación que se ha explicado antes, puede ser conveniente fijar unos criterios mínimos de desempeño exigibles para estas tareas.

TÉCNICO EN SST

COMPETENCIA GENERAL DEL PUESTO

Integrar eficientemente la seguridad y salud en el trabajo en el desempeño de la organización a través de la alineación de los valores preventivos con el resto de valores de la organización e integrando efectivamente los sistemas de gestión, de forma que se produzcan conciencia, actitudes y comportamientos que, a través de la mejora de las condiciones laborales del contexto, interpersonales e intrapersonales, minimice los daños a la salud, potencie la satisfacción de las personas y colabore a la mejora de la competitividad.

COMPETENCIAS GENÉRICAS

UC1. CONCIENCIA DE UNO MISMO: Tener capacidad de saber lo que estamos sintiendo en un determinado momento y de utilizar nuestras preferencias para guiar la toma de decisiones basada en una evaluación realista de nuestras capacidades y en una sensación bien asentada de confianza en nosotros mismos
    RP1. TENER COMPETENCIA EMOCIONAL: reconocer emociones propias y sus efectos
    RP2. VALORARSE UNO MISMO ADECUADAMENTE: conocer los recursos, capacidades y limitaciones internas de uno mismo
    RP3. CONFIAR EN UNO MISMO: tener una sensación muy clara del valor y de las capacidades de uno mismo
UC2. AUTORREGULACIÓN: manejar nuestras emociones para que faciliten la tarea que estemos llevando a cabo y no interfieran con ella; ser conscientes y demorar la gratificación en nuestra búsqueda de objetivos; ser capaces de recuperarnos prontamente del estrés emocional
    RP1. TENER AUTOCONTROL: mantener bajo control las emociones e impulsos conflictivos
    RP2. SER CONFIABILE E INTEGRO: ser íntegro y ser responsable
    RP3. TENER UN ESPÍRITU INNOVADOR y UNA ACTITUD ADAPTABLE: permanecer abierto a las
UC3. MOTIVACIÓN -lo que nos moviliza-: utilizar nuestras preferencias más profundas para encaminarnos hacia nuestros objetivos, ayudarnos a tomar iniciativas, ser más eficaces y perseverar a pesar de los contratiempos y las frustraciones que se presenten
    RP1. ESTAR MOTIVADO POR EL LOGRO: poseer un impulso director para mejorar o satisfacer un modelo de excelencia
    RP2. ESTAR COMPROMETIDO: sintonizar con los objetivos de un grupo o de una organización
    RP3. TENER INICIATIVA: tener previsión
    RP4. TENER OPTIMISMO: tener persistencia
UC4. TENER EMPATÍA: darse cuenta de lo que están sintiendo las personas, ser capaces de ponerse en su lugar y cultivar las relación y el ajuste con una amplia diversidad de personas
    RP1. COMPRENDER A LOS DEMÁS: percibir los sentimientos y puntos de vista de los demás e interesarse activamente por sus preocupaciones
    RP2. PROPICIAR DESARROLLO DE LOS DEMÁS: darse cuenta de las necesidades del desarrollo de los demás y ayudarles a fomentar sus habilidades
    RP3. TENER ORIENTACIÓN HACIA EL SERVICIO: anticiparse, reconocer y satisfacer las necesidades del cliente
    RP4. MOSTRAR APROVECHAMIENTO DE LA DIVERSIDAD: cultivar las oportunidades que nos brindan las diferentes personas

RP5. TENER CONCIENCIA POLÍTICA: cobrar conciencia de las corrientes sociales y políticas subterráneas

UC5. TENER HABILIDADES SOCIALES: manejar bien las emociones en las relaciones, interpretando adecuadamente las situaciones y las redes sociales; interactuar fluidamente; utilizar estas habilidades para persuadir, dirigir, negociar y resolver disputas; cooperar y trabajar en equipo

RP1. TENER INFLUENCIA: poseer herramientas eficaces de persuasión

RP2. SER COMUNICADOR: escuchar abiertamente y mandar mensajes convincentes

RP3. SER RESOLUTIVO EN LOS CONFLICTOS: ser capaz de negociar y resolver desacuerdos

RP4. EJERCER LIDERAZGO: inspirar y guiar a los individuos o a los grupos

RP5. CATALIZAR EL CAMBIO: iniciar o controlar el cambio

RP6. ESTABLECER VÍNCULOS: forjar relaciones instrumentales

RP7. COLABORAR Y COOPERAR: trabajar con los demás en la consecución de objetivos compartidos

RP8. MOSTRAR HABILIDADES DE EQUIPO: ser capaz de crear de una sinergia laboral enfocada hacia la consecución de objetivos colectivos

COMPETENCIAS ESPECÍFICAS

UC6. Proponer, desarrollar, implantar, controlar y realizar el seguimiento de la política de PRL de la organización así como transmitir los valores y objetivos de la organización en materia de seguridad y salud en el trabajo de forma que se genere una actitud y sinergia positivas, proactiva y enriquecedora

RP1. Analizar y elaborar estudios e informes técnicos en el ámbito de la seguridad y salud laborales

RP2. Realizar la planificación y seguimiento de actuaciones de seguridad y salud laborales

RP3. Realizar la interlocución y comunicación con agentes externos e internos en materia de seguridad y salud laborales

UC7. Realizar acciones de formación y comunicación eficaces, mediante actividades didácticas que expongan los mapas cognitivos y los conecten con las experiencias de referencia adecuadas que contengan los valores subyacentes a la conducta deseada, para que bien las personas modifiquen los resultados de sus acciones o bien produzcan nuevos resultados.

RP1. Planificar las acciones formativas y de comunicación especificando lo que se quiere, cómo se va a lograr y el resultado esperado en términos de desempeño

RP2. Realizar las acciones formativas y de comunicación, utilizando las técnicas y habilidades necesarias para los distintos estilos de aprendizaje de forma que se favorezca la motivación y aprendizaje influyendo en la conducta del grupo y de los individuos y en sus patrones de pensamiento.

RP3. Interactuar con las personas para lograr su implicación activa en el proceso de aprendizaje de los individuos y del grupo

UC8. Hacer uso técnico de la lengua inglesa con un nivel de desempeño avanzado referido al Marco Común Europeo de Referencia para las Lenguas (MECRL)

RP1. Comprender el idioma al nivel B2 del MERCL en comprensión lectora.

RP2. Manejar el idioma al nivel europeo B2 del MECRL en comprensión auditiva y expresión oral

RP3. Realizar una expresión escrita al nivel europeo B2 del MECRL

9. EVALUACIÓN DEL DESEMPEÑO Y MEJORA CONTINUA

Lo que no se mide no existe. Evaluar el desempeño ayuda a retener el talento y mejora la competitividad. Por eso, las organizaciones que definen y evalúan adecuadamente las competencias profesionales disponen de una herramienta de medición, planificación y optimización de las inversiones en formación. Estas organizaciones se encaminan hacia la mejora de la competitividad y la excelencia porque miden sistemática y rigurosamente la calidad y eficiencia de sus inversiones en las personas, clave de la competitividad.

En las empresas con baja rotación de personal es frecuente que se alcance en pocos años un elevado nivel de desempeño en el puesto porque la excelencia se alcanza con más rapidez en las competencias técnicas (específicas) que en las transversales (genéricas). Por eso la evaluación de competencias específicas pierde utilidad conforme se gana en pericia. En consecuencia, para que la evaluación del desempeño sea útil ha de realizarse progresivamente a lo largo de la Carrera profesional de las personas, valorando al principio su desempeño técnico y luego, cuando éste es satisfactorio, evaluando progresivamente las habilidades que aportan excelencia y mejora continua.

De esta forma, cuando evaluamos la evolución del desempeño basándonos en competencias profesionales podemos además:

- medir el impacto de las acciones de formación en las personas y en la organización
- determinar el retorno de la inversión en formación
- establecer criterios de contratación eficientes para programas de formación
- establecer estrategias y criterios de desarrollo profesional y de remuneración
- eliminar subjetividad y facilitar las decisiones relacionadas con las áreas de RRHH
- mejorar el clima laboral y la productividad.

Así que en lo referente a la formación en PRL disponemos de una gran oportunidad para evitar inversiones infructuosas y podemos aprovechar la necesidad de formar a los trabajadores para reorientar la formación preventiva poniendo en práctica programas que desarrollen las competencias profesionales que ayuden a la organización a ser más competitiva, integrando de verdad la PRL en los sistemas de gestión y en la práctica diaria.

Recompensas

La gente que no prevé una mejora sustancial de su calidad de vida en el futuro tiende a dejar de esforzarse en aquello que no le reporta beneficios inmediatos tangibles. Por eso estas personas desentienden de la SST y se centran en la producción, abandonando las prácticas que les proporcionarán el estado de Salud físico y psíquico necesario para ser productivas a medio plazo, pues sólo entra en su consideración el corto plazo. Por tanto, la sensación de control sobre el futuro y la estabilidad en el empleo pueden ser determinantes para motivar a las personas hacia hábitos y comportamientos saludables y seguros.

Aun así siempre cabe la posibilidad, más probable en ciertos momentos que en otros, de que la organización prescinda de algunas personas. En estos casos, políticas activas de recualificación y ayuda para la recolocación mediante, por ejemplo, programas de formación o Coaching, pueden ser de gran ayuda, pues trasladan a las personas la sensación de que disponen de más facilidad para encontrar un nuevo empleo, mitigando la inestabilidad que supone el cese laboral.

Además las mejores medidas preventivas, como evitar el riesgo, planificar anticipadamente, mantener orden y limpieza... tienen que ver con hábitos de comportamiento cuyos efectos, cuando son visibles, se manifiestan a medio y largo plazo, lo que tiene dos importantes consecuencias. Por un lado a las personas nos resulta difícil establecer relaciones causa-efecto cuando uno y otro se producen de forma diferida; tenemos mala memoria. Además, por otro lado tenemos la tendencia natural a buscar y valorar más las recompensas inmediatas, lo que hace que nos cueste valorar adecuadamente las recompensas futuras.

Y es que la forma que tenemos de pensar sobre el presente es muy distinta a como pensamos sobre el futuro. Esta inconsistencia temporal hace que en el presente seamos impulsivos, nos dejemos llevar en gran medida por las emociones y los deseos inmediatos: pequeñas pérdidas de tiempo o molestias poco importantes resultan mucho más desagradables cuando tienen que hacerse en el momento, cuando pensamos en ellas con una sensación de inmediatez, que si las imaginamos en un tiempo más distante. Análogamente sucede con las pequeñas recompensas, que resultan agradables y deseadas si suceden con inmediatez, pero pierden valor e interés cuando se producen con dilación. Estas pequeñas recompensas nos apetecen en el momento, pero cuando hacemos planes de futuro producen una satisfacción que parece menos importante.

Tenemos una inclinación natural a posponer los pequeños costes, de modo que no recaigan sobre nuestro yo actual, sino sobre nuestro yo del futuro. Las pequeñas molestias que acompañan al el uso la mayoría de los equipos de protección individual (EPI) hasta que nos habituamos a ellas, como por ejemplo los protectores auditivos o respiratorios, son suficientes para justificar su falta de uso y producen a largo plazo importantes deterioros de la salud que valoramos ínfimamente.

Esto podría explicar por qué un coste reducido disuade de usar un dispositivo que puede salvar una vida, o porqué pequeños incentivos contribuyen a que sí se utilice.

En consecuencia podemos pensar en intervenir en comportamientos específicos a través de pequeños premios o castigos que empujen a las personas a hacer algo que ellos mismos consideran deseable, pero que evitan constantemente.

Una idea importante es la opción por defecto, que consiste en que la elección por defecto para la mayoría de la gente sea la opción más deseable, de forma que sea necesario un movimiento activo para quienes elijan una opción diferente a aquella. Es decir, todo el mundo tiene derecho a elegir lo que quiera, pero hacerlo conlleva un pequeño coste y como consecuencia, la mayoría acabará eligiendo la opción por defecto. Otra forma de dar ese pequeño empujón a la gente son los pequeños incentivos; el reto fundamental es diseñar pequeños empujones adaptados al contexto.

En muchas ocasiones la gente parece estar dispuesta a empezar el proceso en ausencia de incentivos, y la dificultad es conseguir que lo terminen. Es decir, su motivación para iniciar la tarea es adecuada, pero no así su motivación por el logro. La inconsistencia temporal nos impide muchas veces pasar de la intención a la acción. Los pequeños empujones pueden ser muy útiles cuando la gente tiene dudas acerca de las ventajas de lo que se les propone.

Independientemente de que exista un sistema de evaluación de competencias, se debe medir y, en su caso, recompensar el logro de los objetivos y metas asignados. Las recompensas pueden ser económicas o de otro tipo: responsabilidades, reconocimiento, promoción, formación…

Definir claramente las metas de desempeño y vincularlas inequívocamente a los objetivos y responsabilidades de las personas puede facilitar el logro de los objetivos y estrategias de la organización puesto que concatenando unos a otros de forma visible y se evidencia su interdependencia y se potencia la responsabilidad de las personas y facilita su compromiso.

Las recompensas son el reconocimiento de los resultados que producen las acciones y comportamientos. Por eso los premios refuerzan los comportamientos y pueden llegar a crear hábitos, de manera el hecho de premiar unos comportamientos en lugar de otros puede servir para para promover que las personas abandonen ciertos comportamientos por otros más útiles.

Entonces, ¿cómo decidir qué recompensar y cómo hacerlo? Parece razonable que a la organización le debe interesar potenciar los comportamientos que le ayuden a lograr sus objetivos. Los comportamientos más apropiados para la organización son los que son coherentes con sus valores, respaldándolos y potenciándolos. Además, las recompensas más efectivas serán las que se adecúen bien al nivel de desarrollo que tiene la persona o equipo que queremos premiar o bien al nivel al que queremos que avancen como siguiente etapa en su desarrollo. Es decir, si ya hemos cubierto sus necesidades fisiológicas y de seguridad básicas, a través de un salario apropiado y de unas condiciones de trabajo seguro y saludable, entonces entregaremos premios que sirvan para colmar las necesidades sociales de compañía, amistad y aceptación de los demás; cuando estas necesidades estén satisfechas, las recompensas más adecuadas serán las que satisfagan las necesidades de estima, aprecio, reconocimiento y respeto de los demás.

De esta manera necesitamos cierta dosis de imaginación y creatividad para establecer unas estrategias de recompensa que, basadas en criterios objetivos de desempeño, premien el logro, proporcionando los premios más adecuados en cada caso y en cada momento y sirvan simultáneamente para potenciar los valores de la organización y para avanzar en el desarrollo la organización satisfaciendo las necesidades de los individuos.

Así las recompensas sirven simultáneamente a la organización y al individuo porque refuerzan en las personas los comportamientos que armonizan con los valores organizacionales y potencian el desarrollo del individuo reduciendo el estrés y mejorando su compromiso y desempeño, contribuyendo así a una empresa más saludable y más competitiva.

Por todo ello es importante conocer los resultados positivos de la gestión de la SST y repercutirlos en quienes los han producido. Una vez conocido y luego comunicado el impacto real de la SST en términos económicos será conveniente reinvertir en las personas a través de bonus, permiso e inversiones que satisfagan la demanda de los individuos (por ejemplo equipos e instalaciones más confortables que se hayan solicitado) , para reconocer su esfuerzo y su buen hacer y también para motivarles a continuar en esta senda.

Parte II
LA OPORTUNIDAD

*Hay quienes ante un huracán levantan muros,
otros construyen molinos.*

Proverbio chino

EL CAMBIO DECISIVO

*Lo que cuenta en la vida no es el mero hecho de
haber vivido. Son los cambios que hemos provocado
en las vidas de los demás lo que determina el
significado de la nuestra.*

Nelson Mandela

Las organizaciones que perduran fomentan una tensión productiva entre
continuidad y cambio. Por un lado se adhieren a los principios que
condujeron a la empresa originalmente al éxito y por otro evolucionan
continuamente, cambiando su planteamiento con mejoras creativas y una
adaptación inteligente. Si una organización no consigue distinguir entre los
principios perdurables de su éxito y las prácticas actuales, y se queda
anquilosada en sus prácticas o se lanza a una renovación inconsistente, se
está encaminando hacia el declive.

El continuo desarrollo de la gestión de organizaciones y de los esquemas de
certificación demuestra que las organizaciones están en continuo cambio.
En su particular evolución, el objetivo de crecimiento y beneficio
(prosperidad) de las empresas ha cambiado con los tiempos y ha dado, poco
a poco, mayor importancia a la calidad del producto, a la satisfacción del

cliente, al cuidado al medio ambiente, a la seguridad y salud laborales, a la conciliación familiar y a la responsabilidad social. Es decir, se ha ampliado el foco en la consideración de los grupos de interés y por tanto de las áreas de atención e inversión necesarias.

El éxito de una empresa radica en el nivel de prosperidad que alcanza, y el éxito de quien dirige la empresa en el nivel de felicidad que consigue con la prosperidad. La clave está en cómo ha evolucionado el significado del término prosperidad.

El sentido de prosperidad ha avanzado desde un mero interés económico y de desarrollo individual hacia la búsqueda del desarrollo social de distintos grupos de interés, demostrando que comportamientos altruistas y antes considerados como despilfarro, son ahora inversiones necesarias para el éxito del negocio. Estamos pasando de apostar exclusivamente por los bienes para apostar además por las personas. Estamos avanzando desde una concepción individualista y monofocal de los negocios hacia un modelo social y sistémico de las organizaciones. La historia de la evolución es la historia del paso a sucesivos niveles superiores de consciencia.

En consecuencia, cuanto más amplio y más inclusivo sea tu concepto de prosperidad, más cerca estarás de los cambios y evolución socio-culturales. Cuánto más consciente seas del funcionamiento sistémico de las personas y organizaciones, menos resistencias encontrarás en tu camino. Cuánto menos oposición ofrezcas para adaptarte, más prosperidad y felicidad obtendrás para ti y las personas en tu organización.

Si quieres conseguir resultados distintos de los que tienes, haz algo diferente de lo que haces. Puedes hacerlo si tú quieres. ¿Te lo mereces? Existen herramientas, que facilitan y aceleran los cambios.

Nadie mejor que tú conoce tu organización, así que nadie mejor que tú para decidir la solución. Puedes encontrar la ayuda que necesitas para evitar que los árboles te impidan ver el bosque, y una voz experta que te acompañe en el proceso de sentir la empresa y sentir los cambios; puedes elegir a alguien que te acompañará en tu reflexión, ayudándote a aprender y a desarrollar las competencias adecuadas que acelerarán el cambio de tu organización y lo acompasarán al cambio que ya está sucediendo.

No todas las empresas merecen perdurar, aquellas que lastran a la sociedad quizá merezcan desaparecer. Tal vez resulta más útil para la sociedad librarse de las organizaciones terribles. La autoperpetuación empresarial no tiene sentido legítimo en un mundo con recursos escasos, así que la mediocridad empresarial debe ser eliminada o transformada en excelencia.

Las grandes compañías fomentan una tensión productiva entre continuidad y cambio. Por un lado se adhieren a los principios que condujeron a la empresa al éxito en un principio; por otro, evolucionan continuamente, cambiando su planteamiento con mejoras creativas y una adaptación inteligente. Si una empresa no consigue distinguir entre las prácticas actuales y los principios perdurables de su éxito, y se queda anquilosada en sus prácticas, se está encaminando hacia el declive.

La integración multidisciplinar de los más recientes hallazgos científicos (historiadores, biólogos, genetistas, antropólogos…) demuestra que las organizaciones, como entidades sociales que son, cuando se comunican con eficacia internamente y con el medio en el que viven tienen más posibilidades de perpetuarse. Y las personas y los equipos son unidades sociales mínimas de gran trascendencia por su relevancia en la transmisión de los valores y de la cultura de las organizaciones. Por eso el cambio decisivo para la adaptación de las organizaciones ha de empezar en los centros de poder y decisión, o más bien en los vértices de influencia, que en ocasiones son distintos de aquellos. Liderar para los demás en lugar de liderar para uno mismo es el valor altruista que marca la diferencia.

La dominancia de lo altruista es lo que permite el avance real de las sociedades hacia su persistencia mediante el respeto e integración entre ellas y el entorno en el que se desarrollan. Por eso, para que la organización responda a las necesidades del entorno cambiante, es necesario un clima laboral adecuado que permita practicar la autocrítica constructiva y el autoaprendizaje basados en procesos de comunicación honesta y libre, en el compromiso compartido y en la responsabilidad mutua para con un objetivo común.

El cambio decisivo depende de que muchas personas a lo ancho de la organización desarrollen nuevos y específicos valores y conductas. Para integrar y coordinar las distintas funciones y actividades de la compañía son clave una visión y dirección del proceso desde arriba abajo; hay que centrarse en unos pocos y bien elegidos aspectos del cambio. Además, mucha de la integración necesaria depende de la medida en que las empresas rediseñan los procesos interfuncionales necesarios, que son los que dan soporte a cada persona en la organización y los que abarcan los flujos de información y trabajo a través de la organización. Las personas que se encuentran en primera línea, que están en contacto con los clientes, son quienes mejor pueden detectar las conductas, compromisos, habilidades y responsabilidad que lleven a propósitos y metas de rendimiento específicos, y así identificar y construir los cambios de conducta necesarios para optimizar el rendimiento.

EL PLAN DE ACCIÓN

Las causas de los accidentes, son debidas a condiciones inseguras (influencias organizacionales, precondiciones de actos inseguros) o a acciones inseguras (supervisión insegura, actos inseguros). Podríamos el origen de unas es organizacional y el de otras humano, aunque esto sería una explicación sencilla y desacertada, puesto que las organizacionales están determinadas por cómo planificamos las cosas y por cómo las hacemos, cuestiones ambas incuestionablemente humanas. Es decir, desde una perspectiva integral, sistémica, en lo referente a la SST existen fallos activos (inmediatamente visibles) y además los también existen fallos latentes.

Considerando que el desarrollo de los sistemas de gestión de la calidad se encuentran actualmente desarrollándose en la línea de procurar la satisfacción de las necesidades latentes del cliente como paso previo y necesario para lograr los cambios decisivos (*breakthrough*), parece útil e inteligente orientar nuestros sistemas de SST en la misma dirección, más aún cuando recordamos la necesidad de su integración.

Desde este punto de vista, la atención a los fallos latentes es fundamental para lograr la eficacia del sistema de gestión de la SST y su integración con el sistema general de gestión de la organización y por supuesto, también para atajar los daños a la salud en su causa raíz. En un accidente o incidente se producen cuando fallan sucesivamente la variedad de controles y obstáculos que se interponen a la materialización del suceso, que casi

143

siempre se produce como resultado final de la acción de alguna persona. Por eso es resulta más útil, además de realista, remplazar la búsqueda de algún culpable por la identificación, desde una perspectiva sistémica, de los fallos del sistema responsables del suceso y luego actuar preferentemente en el que pueda tener mayor impacto en el conjunto de la organización.

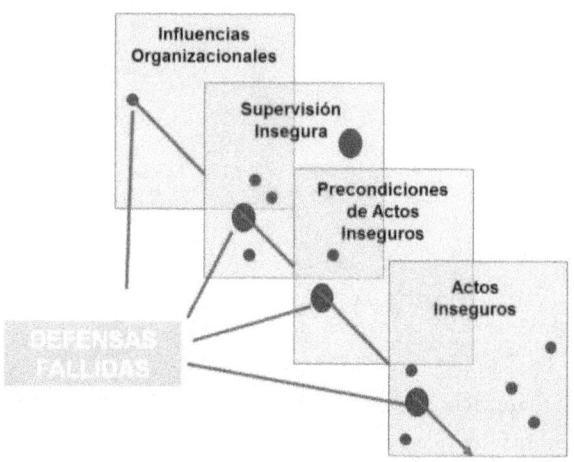

17 Visión sistémica de los accidentes: el *modelo del queso suizo* de Reason

Además, la planificación, la toma de decisiones y el comportamiento tienen que ver con los procesos cognitivos: qué pensamos y cómo lo pensamos. Así que es aquí donde parece más útil actuar, pues es la causa original de ambos tipos de factores de daños a la salud.

El cambio decisivo es escasamente programable. Como en un descenso por aguas bravas no sabemos lo que hay fuera de la borda y dependemos de las personas que van en la balsa para guiarla a buen puerto. ¿Qué habilidades queremos que tengan las personas de la balsa?

Los esfuerzos más efectivos logran simultáneamente tres objetivos: uno es marcar una dirección de arriba abajo, otro es el lograr metas y resolver problemas de abajo arriba, y el otro es rediseñar procesos interfuncionales integrados. Además, todas las iniciativas han de estar orientadas hacia objetivos de rendimiento, y las metas han de servir para poner en práctica los cambios de conducta que se quieren incorporar y que permitirán alcanzar los objetivos.

El fuerte vínculo entre productividad y cambio de conducta que se da en los equipos de trabajo hace que sean muy valiosos si queremos realizar transformaciones decisivas en la organización. Por eso, cuando queremos realizar cambios decisivos en la organización, la dirección debe usar enfoques sistémicos para estimular el cambio, facilitando el aprendizaje y la transferencia desde los equipos a toda ella.

El problema de muchas organizaciones no es la falta de iniciativa ni de medios, sino la inconsistencia de las voluntades frente los obstáculos. Es fundamental renovar deseos manteniendo el tesón frente a los obstáculos que jalonan el camino, implicándose en un esfuerzo continuo, porque de otro modo las metas se quedan en utopías. En cambio cuando visualizamos claramente el objetivo apropiándonos de él como un reto de superación y disfrutamos de los logros alcanzados con esfuerzo al recorrer el camino paso a paso, estamos más cerca de alcanzar nuestras ambiciones.

Desde luego hay algunos obstáculos para sortear las dificultades y avanzar como son las barreras organizacionales y de aprendizaje, la propia inercia de la organización, la precipitación de cambios (crisis), la preparación de las personas (competencias), el clima y la cultura organizacionales y la burocratización de la gestión.

Pero es igual de cierto que disponemos de recursos y que ahora podemos incorporar algunos más:

- podemos aprovechar la inevitabilidad de las reducciones de plantilla para seleccionar las personas más valiosas
- Podemos potenciar el desarrollo de competencias adecuadas en las personas para que su aportación a la empresa sea más eficiente
- Podemos mejorar la implantación de los sistemas de gestión para superar las barreras organizacionales y de aprendizaje de la organización
- Podemos mejorar la comunicación en la empresa para demostrar la voluntad de cambio y mejora de la organización y de las personas que la dirigen
- podemos aprovechar el malestar y los deseos de cambio de las personas para conseguir su colaboración y compromiso con los cambios propuestos

Ahora conoces lo que está sucediendo, cómo está sucediendo y cuáles son las dificultades para mejorar. Pero también conoces las herramientas que permitirán desarrollar el potencial de las personas, de los equipos y de la organización. Son herramientas poderosas que catalizan procesos de cambio, analizando obstáculos e incorporando los recursos necesarios para alcanzar un objetivo alineado con los valores que proporcionan estabilidad, facilitando los procesos de aprendizaje y la adquisición de nuevas competencias personales y sociales que son la clave del éxito. Las primeras permiten tener una brújula interna (conocimiento, valoración y confianza en uno mismo) que ayude al autocontrol (confiabilidad, adaptabilidad, integridad, innovación) y a la motivación personal (motivación al logro, compromiso, optimismo); con las segundas se adquiere el radar social (comprensión de los demás, orientación hacia el servicio, aprovechamiento de la diversidad, conciencia política) y las habilidades sociales (influencia, liderazgo, comunicación, resolución de conflictos, colaboración y cooperación, habilidades de equipo) necesarias para la gestión y coordinación de personas.

Es frecuente que las organizaciones incorporen procesos de Coaching en sus programas de desarrollo y retención del talento, fundamentalmente dirigidos a ejecutivos y directivos. Por otra parte, cada vez más se recurre a esta herramienta en los equipos de trabajo porque permite optimizar su eficiencia y facilita la extensión de estas competencias y modelos de liderazgo acelerando aún más el avance del resto de la organización. Pero es ciertamente infrecuente el caso de organizaciones que lo extiendan a todos los niveles de la organización mediante una estrategia que multiplique los beneficios que logra cada una de estas intervenciones por separado.

Con este objetivo se puede implementar una estrategia que sirva para lograr la metaformación que se requiere para ayudar a la organización a desarrollar las competencias necesarias a todos los niveles, que le permitirán que se adapte a los cambios más fácilmente y avance con ellos.

10. HERRAMIENTAS DE MEJORA

La gran competitividad producida por la globalización requiere respuestas a la altura de este desafío que ayuden a las empresas a aprender para adaptarse a los cambios constantes, venciendo las resistencias de las personas y organizaciones al cambio fundamentalmente relacionadas con creencias y hábitos limitantes y muchas veces inconscientes. Por eso es fundamental adquirir las habilidades para hacerlas conscientes.

Tanto la dirección por la que avanzan las organizaciones como los resultados que obtienen dependen de cómo piensan, actúan y sienten las personas que las conforman. En consecuencia necesitamos personas motivadas y felices consiguiendo con su trabajo resultados beneficiosos para la organización. Si definimos con precisión los resultados que esperamos en cada puesto y colocamos en ellos personas sanas, saludables, motivadas y competentes, entonces tendremos grandes posibilidades de éxito, siempre que seamos capaces de aprender de los errores.

Por eso es tan importante que desarrollar por un lado habilidades para extraer la información sobre cómo piensan, sienten y se comportan las personas y las organizaciones, de forma que aumente la consciencia y conocimiento acerca de su desempeño, y por otro las habilidades de comunicación que faciliten un clima donde fluya esta información útil para que se produzca el aprendizaje que sustenta la competitividad.

Para este proceso de mejora continua disponemos de herramientas y técnicas que serán de mucha utilidad porque proporcionarán la metaformación necesaria para el autoaprendizaje Estas técnicas y herramientas aprovechan los procesos neurológicos y cognitivos de las personas aflorando a la consciencia lo que debe ser conocido para sortear los obstáculos que dificultaban el éxito que alcanzaremos mediante el plan de acción específico que se defina en cada caso.

En la mayoría de los casos, incluso las personas más desinformadas y peor cualificadas toman decisiones conscientes sobre su salud, su seguridad y encuentran las formas de protegerse. Que las personas sufran daños en su salud, a pesar de que esto sea tremendamente costoso, es el resultado de una decisión activa de alguien.

Tener una visión global de un asunto es importante para mejorar la eficacia en la toma de decisiones y la utilidad de los comportamientos a cualquier nivel. La neurociencia ha demostrado que es tan importante atender a la racionalidad como a la intuición, puesto que ambos son los extremos de nuestro proceso cognitivo; un efecto colateral de la atención centrada, propia del pensamiento racional, es la magnificación de aquello que observamos y la reducción de lo que lo rodea, de forma que paradójicamente nuestro raciocinio se ve reducido. Por su parte, las intuiciones más imprecisas pueden llevarnos a acciones y juicios desacertados.

Para superar este problema hay que iluminar individual y secuencialmente cada uno de los detalles con el foco atencional, aunque inicialmente algunos de ellos nos parezcan insignificantes o efímeros. Es tan importante razonar cada aspecto como tener en cuenta nuestras intuiciones, permitiendo que nuestro foco atencional se concentre en cada uno de los pormenores y los exponga al análisis. Sólo entonces obtendremos una visión global del asunto que nos ayude a tomar con éxito decisiones complejas.

Por eso es tan importante desarrollar la sensibilidad afinada que nos permita acceder a los pequeños elementos, indicios y señales, y también las habilidades de cuestionamiento, análisis y reflexión.

Con estas habilidades podremos detectar las partes que conforman el todo, analizarlas y extraer conclusiones que nos faciliten tomar las mejores decisiones para el conjunto, y emprender las acciones para lograrlo. En este sentido el Coaching y la Programación Neurolingüística juegan un papel determinante para el desempeño exitoso.

Cómo funciona el Coaching

Una buena pregunta puede cambiarte la vida

Shoji Shiba

El Coaching es una disciplina que consiste en desarrollar el potencial de las personas y equipos para que avancen en la dirección que ellos quieren, ayudando a que las personas cambien en la forma en que ellas desean y, desarrollando sus recursos para que superen los obstáculos que entorpecen su avance. El Coaching apoya a las personas en todos los niveles para que se alcancen su máximo potencial, logrando además que adquieran habilidades que les permitan aprender de sí mismas. Es un proceso de aprendizaje acelerado basado en obtener feedback a través de las reflexiones que provocan las intervenciones del coach y de las acciones que realiza el cliente. Las intervenciones del coach son fundamentalmente preguntas realizadas para que el cliente explore su modelo del mundo y sirven para que detecte patrones limitantes en su pensamiento y acciones así como los recursos de que dispone para alcanzar su objetivo. Las acciones del cliente son las tareas que propone el coach para ayudarle a la toma de consciencia y también las actividades cotidianas propias del cliente, que al verse influidas por los nuevos aprendizajes realizados, sirven como importante realimentación del sistema y le ayuden a adquirir nuevos recursos durante el proceso.

El Coaching se basa en la relación de aceptación, respeto y confianza que se establece entre coach y cliente, y es diferente de otras disciplinas similares como mentoring, counseiling, terapia, capacitación, consultoría y enseñanza. Entrar en estos detalles excede el alcance de este libro, y te remitimos a la amplia bibliografía disponible en el mercado.

Durante el proceso de Coaching el cliente avanza desde una situación de partida hacia una situación deseada a través de un proceso que se realiza en varias fases:

- Formulación de los objetivos que desea alcanzar e identificar los valores que subyacen, que son los que le darán impulso
- Exploración de la situación actual y de situaciones intermedias probables, para identificar los obstáculos que puedan dificultar el logro así como para acceder y movilizar los recursos que sean más útiles para alcanzar la situación deseada
- Facilitación de acciones que atiendan a todas las dimensiones del cliente necesarias para el logro del objetivo
- Comprobación la sostenibilidad del proceso, valorando los resultados y la expansión del aprendizaje

De esta forma, a través del proceso de Coaching el cliente pasa por las cuatro etapas del aprendizaje. Observa y reflexiona a través de las preguntas del coach, conceptualiza sus hallazgos y pone en práctica acciones que utiliza para aprender y consolidar nuevas habilidades contrastando los resultados obtenidos con otros previos; el coach propone las tareas adecuadas para que, mediante la experimentación, el cliente de un pequeño paso que le ayude a superar la fase de conceptualización abstracta necesario para que instale en él nuevos hábitos; el coach también ayuda a los clientes más impetuosos a que se tomen en tiempo de reflexión necesario que les permita comparar la experiencia que están teniendo con otras para que así se pueda producir la conceptualización abstracta y eviten repetir errores importantes, ayudándoles a tomar distancia y a determinar los pros y contras de sus acciones, pensamientos y sentimientos; cuando el cliente experimenta lo que ha descubierto se fortalece aún más a través de la acción. Así se genera una espiral de aprendizaje generativo en el que una acción positiva genera satisfacción que modifica la relación con uno mismo porque provoca aumento de la autoestima. Entonces se modificará la relación con los demás, que será más armónica y esto afectará a todo el entorno, amplificando la sensación de éxito, lo que impulsará a la persona a realizar más acciones positivas. La acción será positiva cuando esté alineada con los valores de la persona, evite efectos contraproducentes en el entorno y la persona asuma libremente su responsabilidad.

Aprendizaje y mejora continua

Tal como hemos visto, la gestión de una organización se puede considerar desde una perspectiva sistémica, en la que la relación con el entorno es determinante. Los sistemas de gestión de las organizaciones son las conceptualizaciones o programas mediante los que se planea cómo la organización recibe la información del entorno necesaria para su persistencia. Y el corazón de los sistemas gestión es el proceso de mejora continua que se realiza aprendiendo a partir de la experiencia.

Siendo ésta la importancia del aprendizaje en las organizaciones y en las personas que la forma, nos será útil comprender cómo se produce el aprendizaje. Más adelante explicaremos que hay dos tipos de aprendizaje, y que uno de ellos puede tener consecuencias contraproducentes porque actúa en contra de los objetivos de la organización. También comprenderemos qué obstáculos pueden impedir un aprendizaje útil en las organizaciones y cómo evitarlos.

Cómo aprendemos

El aprendizaje es un proceso que cada persona realiza en un entorno social y consiste por un lado en un doble proceso de conceptualización de las experiencias individuales, y completación de la conceptualización mediante la compartición y por otro lado en el contraste de esa conceptualización con nuevas experiencias.

Las personas aprenden a partir de las experiencias. El aprendizaje es el resultado de la forma como las personas perciben y luego procesan lo que han percibido. En consecuencia, no todas las personas aprenden de la misma forma porque cada persona percibe y experimenta la realidad de una manera particular, que depende de los filtros perceptivos que tenga, y la procesa también de una manera particular, que depende de las creencias que tenga.

Podemos decir que haya aprendizaje se han de producir dos procesos, percepción y procesamiento, que repetidos constituyen las cuatro etapas del aprendizaje: primero se vive una experiencia concreta, que luego es observada y analizada para formular a continuación conceptos abstractos que finalmente son verificados o experimentados en nuevas situaciones. Estas nuevas situaciones suponen experiencias nuevas a partir de las cuales comienza de nuevo el ciclo de aprendizaje.

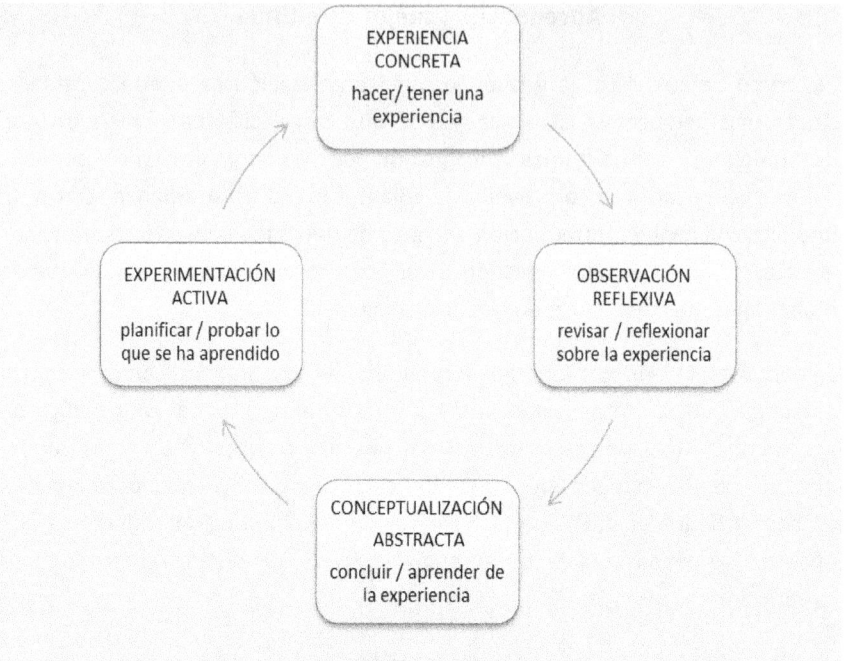

18 Ciclo de Kolb de aprendizaje

Además, puesto que el hombre es un animal social, el aprendizaje es también social y no puede ser separado del contexto social en el que ocurre. En este sentido el aprendizaje se produce en grupos de personas que comparten un interés, un set de problemas, y que profundizan su conocimiento en esta área a través de la interacción continua.

Esta interacción se convierte en experiencias compartidas a través de las cuales se transfiere entre los individuos el conocimiento tácito; para que el grupo pueda aprovechar y transmitir ese conocimiento necesita hacerlo explícito y coherente para que otros individuos lo comprendan; a continuación, en un proceso compartido, se recombinan los conocimientos particulares para crear nuevos conocimientos más complejos ahora contextualizados, completados y recategorizados; y finalmente estos nuevos conocimientos se han de incorporar a las personas mediante la experiencia, comenzando entonces otro nuevo ciclo de aprendizaje.

El éxito se alimenta de fracasos

Hay algunas personas que cuando no obtienen el resultado que esperan les invaden sentimientos de culpa, frustración o fracaso que, lejos de ayudarles pueden oscurecer su perspectiva y hacerles sordos a voces que les muestran en qué mejorar, porque en su cabeza suenan palabras de desánimo, inculpadoras, reproches que pueden desmotivarles y condicionan sus consiguientes acciones. La forma en la que la persona responde cuando se encuentra con dificultades o problemas inesperados para alcanzar sus objetivos es fundamental para una actuación eficaz. Quienes tienen éxito en sus objetivos aprenden de sus errores, pero no se obsesionan con ellos. Por eso, quien se encuentra preocupado en evitar los errores es probable que caiga en ellos y quien se enfoca en llegar a su meta tiene muchas posibilidades de conducirse hacia ella. "La energía va donde va la atención", dice el dicho.

Así sucede cuando conduces un vehículo, que acabas llegando adonde pones la vista; cuando al tomar una curva pones tu vista en aquellos lugares contra los que temes chocar o por los que temes salirte de la calzada, tu conducción se vuelve insegura, peligrosa y te encamina precisamente hacia lo que temes; cuando por el contrario, pones tu vista en el lugar al que quieres llegar, el final de la curva, tu conducción te dirige confiado y seguro hacia allí. La clave para aprender de los errores consiste en enfocarnos en la meta, tomar cierta distancia emocional, ver qué es lo que se puede aprender y mantenerse conectado a los propios éxitos.

Nuestras percepciones de la situación y de las experiencias que vivimos están influidas por el punto de vista desde el que las consideramos. Tener la capacidad de adoptar distintos puntos de vista constituye un elemento clave de nuestro "juego interno". El juego interno consiste en prepararse mentalmente para actuar bien. El juego externo está relacionado con nuestras habilidades físicas. En el desempeño eficaz hay que ser capaz de aprender y desarrollar habilidades que nos conduzcan al éxito. Hay dos tipos de habilidades: las habilidades físicas, que se manifiestan por ejemplo en destrezas de manejo de herramientas (juego externo) y las habilidades relacionadas con el diálogo interno que mantenemos con nosotros mismos y que determina cómo nos sentimos y qué hacemos (juego interno). Los grandes deportistas y muchas otras personas de éxito han llegado donde están porque controlan su diálogo interno y lo utilizan para motivar y dirigir sus acciones.

Para controlar el diálogo interno hay que salirse de uno mismo y observarse desde otro lugar; adoptar otra posición desde la que percibir las cosas de otra manera; por ejemplo, como si nos observásemos a nosotros mismos desde un balcón. Esto amplía nuestra perspectiva y nos proporciona otras opciones para encaminar nuestras acciones hacia el éxito. Por tanto, un paso muy importante en este camino es escuchar nuestro diálogo interno, ser conscientes de lo que nos decimos a nosotros mismos, ser conscientes también de cómo pensamos acerca de las cosas: ¿nos sermoneamos?, ¿cómo de duros o de permisivos somos con nosotros mismos?, ¿nos animamos a perseguir logros o nos esforzamos en evitar resultados indeseados?¿preferimos generar alternativas o nos motiva más seguir procedimientos y metodologías?, ¿nos centramos en detalles específicos o preferimos centrarnos en el panorama general?, ¿tomamos decisiones según nuestros propios criterios o lo hacemos basándonos en criterios y referencias de otros?

El aprendizaje consiste en desarrollar capacidades cognitivas que conduzcan a una mejor actuación y la formación implica ayudar a desarrollar esas capacidades. Por eso es importante centrar la atención en el "juego interno" de la persona, apoyándola para que esté mentalmente preparada para dar lo mejor de sí. Cada persona tiene su propio estilo de aprendizaje, basado en su canal de representación preferido, que se manifiesta en el lenguaje verbal y no verbal. Conocerlo, adaptarse a él para establecer inicialmente una relación fluida y utilizarlo para lograr un aprendizaje más eficaz es una estrategia sumamente eficiente que podemos utilizar. Por eso los métodos de formación poco personalizados son menos eficientes.

La visualización del éxito y el ensayo mental son herramientas de enseñanza que permitan practicar y refinar mentalmente un proceso o una actividad. La gestión del estado personal constituye un elemento clave del juego interno y de la actuación de la persona; reconocer y volver a acceder a estados de excelencia puede ayudar a mejorar el rendimiento. El trabajo se realiza en equipo. El equipo es la base y clave del éxito. En consecuencia la capacidad para adoptar distintas posiciones, distintos puntos de vista, es otro elemento que puede ayudar a mejorar en las personas sus habilidades de comunicación y actuación con los demás. Así mejorarán su trabajo en equipo.

Analizar desapasionadamente el resultado de las acciones para apreciar con objetividad qué es lo que la hace exitosas y qué las hace fracasar, aprovechándolos como información valiosa sobre lo que funciona y lo que no, puede servir para adquirir más consciencia de los factores de éxito claves. Y para que podamos obtener datos fiables conviene fragmentar los objetivos y tareas en unidades y supervisarlos continuamente mediante el diálogo y la comunicación abiertos, con nosotros mismos y también con las demás personas implicadas. Así se afloran los inconvenientes y se facilitan los procesos de mejora continua.

Las personas que tienen éxito aprenden de sus errores sin obsesionarse con ellos. Para enseñar es necesario animar a las personas a percibir los errores como información más que como fracasos, enseñándoles cómo distanciarse emocionalmente de ellos y cómo mantenerse conectados con sus éxitos. Por eso es importante mantener una motivación elevada, ya que el grado de motivación de la persona determina la cantidad de recursos internos que está dispuesta a movilizar. La motivación es la que estimula y activa el modo de pensar de las personas y lo que harán en cada situación concreta.

Estrategias de supervivencia

No obstante, los fracasos pueden suponer un contratiempo en nuestro camino hacia el logro de objetivos. ¿Cómo reaccionamos ante los fracasos? Es frecuente adoptar ciertas estrategias de supervivencia con el fin de continuar en el camino que hemos marcado evitando sucumbir. Las estrategias de supervivencia son patrones profundos y a menudo inconscientes que conforman nuestra manera de enfocar la vida y suelen establecerse a muy temprana edad, tanto en la persona como en las organizaciones, puesto que aquellas las transfieren a éstas. En muchos casos la supervivencia va más allá de lo físico e incluye la preservación del sentido de identidad, de integridad personal, de las funciones y relaciones importantes en las que se ha invertido gran energía.

Lo más conveniente para nuestra supervivencia es disponer de un abanico de posibilidades que nos permita adaptarnos a las características de cada contexto. Atacar, escapar o paralizarse son algunas estrategias de supervivencia. Sin embargo con frecuencia sucede que nos quedamos atascados en determinada estrategia o generalizamos en exceso su eficacia. Esto nos lleva a actuar inadecuadamente, lo que suele producir efectos contraproducentes y empeorar las cosas.

Por eso es importante revisar, enriquecer y actualizar periódicamente nuestra estrategia de supervivencia así como las características del contexto frente al que deben servir, para que incluyan nuevas posibilidades como centrarse, aceptación, olvido, compromiso y flexibilidad.

Aprender para sobrevivir

Las respuestas que generan estas estrategias para afrontar los imprevistos pueden ser más o menos útiles desde el punto de vista del aprendizaje que producen.

A veces frente a un estímulo reaccionamos siempre de la misma forma, invariablemente, dando por seguro que lo que en alguna ocasión funcionó, habrá de continuar funcionando, antes o después, a pesar de que la realidad nos demuestre que esta respuesta no es eficaz; este tipo de respuestas no genera aprendizaje alguno, y suele ser característico de las personas y organizaciones que piensan que hay que hacerlo de esa manera porque siempre se hizo así, porque es la manera correcta de hacerlo y confían ciegamente en sus procedimientos, con frecuencia rígidos y escleróticos; entonces los comportamientos acaban convirtiéndose en hábitos inconscientes que hacen difícil que nos adaptemos eficazmente a los cambios que se están produciendo en el mundo que nos rodea y suele conducir a la resistencia, la complacencia, la ineficacia y finalmente al fracaso tras una etapa de declive e infelicidad más o menos prolongados.

Hay otro tipo de respuesta más flexible en la que adaptamos nuestro comportamiento a la situación, eligiendo esta respuesta de entre una variedad de opciones, que implican correcciones y adaptaciones que pueden ayudar a ampliar las capacidades del individuo o de la organización. Se trata de un aprendizaje simple que cambia el comportamiento mediante el desarrollo una nueva habilidad, y para ello se suele recurrir a la formación tradicional. El inconveniente es que las soluciones que se aportan son todas convencionales porque pertenecen al mismo conjunto de alternativas que se corresponde con las políticas de conducta, valores y prioridades imperantes, y por tanto pueden ser insuficientes o ineficaces en determinadas situaciones. Dicho de otra forma, este tipo de respuesta produce un cambio gradual mediante una sucesión de pequeños cambios incrementales, correctivos, que pueden ser insuficientes cuando lo que se necesita es un cambio mayor alcance. Ahora bien, para estimular este aprendizaje hay que ayudar a que se produzca en las personas y organizaciones una "metacognición", un mejor conocimiento de las propias acciones, de la experiencia interna y de los procesos mentales subyacentes.

Entonces puede ser necesario utilizar una solución que provenga de un conjunto de alternativas distinto del convencional. Para eso debemos pensar fuera de la caja, es decir, partir de unas políticas de conducta, valores y prioridades diferentes, que permitan ver las cosas desde fuera, como si nos situásemos sobre en una atalaya que nos facilite valorar las propias acciones en comparación con otro conjunto de alternativas, contextualmente, con perspectiva sistémica. Así se produce un aprendizaje doble que genera cambios de mayor dimensión, un aprendizaje sobre los procesos mentales que nos hacen aprender y actuar. El cambio que se produce con este aprendizaje doble es rápido y discontinuo e implica el cambio instantáneo a una clase de comportamiento completamente distinta, basada en una reinterpretación del contexto y/o de las presuposiciones causa-efecto en ese contexto, es decir, basada en un cambio en los valores y/o creencias implicados.

Un cambio aún más drástico, que no trataremos aquí, se producirá cuando se cambia el sistema entero de valores y/o creencias, dando lugar a una nueva identidad personal u organizacional.

Para sobrevivir es importante que nuestra estrategia incluya un aprendizaje y es también importante identificar el tipo de aprendizaje que se necesita en cada caso. Es frecuente que, sin darse cuenta de ello, personas y organizaciones traten de aplicar soluciones de aprendizaje simple, gradual, cuando lo que se necesita es un aprendizaje generativo de mayor calado y más rápido. Aunque aplicar estrategias de aprendizaje inadecuadas resultará en el mejor de los casos ineficaz y caro, e incluso en otros puede incluso empeorar las cosas, es ciertamente frecuente la práctica muchas veces inconsciente de estrategias que impiden el aprendizaje.

En cuanto al Coaching de equipos, las premisas son las mismas que hemos expresado antes. El Coaching de equipos consiste en ayudar a un equipo a mejorar su rendimiento y sus procesos a través de la reflexión, la acción y el diálogo.

Los equipos consiguen buen rendimiento porque consiguen juntos habilidades complementarias y experiencias que exceden las de cualquier miembro aislado; también, al desarrollar conjuntamente objetivos y enfoques claros, los equipos establecen comunicaciones que apoyan la solución de problemas y la iniciativa en tiempo real; y además los miembros del equipo se esfuerzan en superar las barreras que obstaculizan el rendimiento colectivo y así construyen confianza mutua, reforzando las intenciones de cada uno sobre el equipo por encima de los propósitos individuales en un intercambio altruista en el que el beneficio del equipo revierte en el individuo. Los equipos se divierten más, y esa clase de diversión facilita el aprendizaje y se integra en su rendimiento.

El coach de equipos es el guardián del proceso para el rendimiento del equipo, y el proceso para el rendimiento del equipo es el guardián de los valores del equipo. El papel del coach de equipos es resolver los conflictos inmediatos, ayudar al equipo a establecer y alcanzar sus objetivos de desempeño, sugerir o recordar acciones para el progreso y guiar la totalidad del proceso.

El Coaching de equipos no consiste en la formación del equipo. Esta es sólo la primera de las etapas, a la que siguen el establecimiento de normas y criterios, el reajuste y el desempeño. El coach centra su trabajo en observar el comportamiento del equipo y ayudarles a cambiar lo que hacen y su comportamiento para alcanzar los objetivos de desempeño establecidos.

El coach tampoco es el líder del equipo ni desempeña ninguno de los otros roles característicos de sus miembros. El papel del coach consiste en facilitar la reflexión para que el protagonista conozca las repercusiones o exigencias de sus decisiones; de esta forma puede tomar sus decisiones con la mayor certidumbre posible y así obtiene mayores tasas de éxito. El coach ayuda a acelerar las mejoras en las personas demasiado reactivas, que tienden a pasar mucho tiempo pensando o esperando un mejor momento para actuar, y a frenar impulsos poco sólidos en las excesivamente proactivas, que tienden a enfrentar las situaciones actuando rápido y con poca reflexión. Su papel es el del vigía que orienta y señala sin condicionar el rumbo.

En definitiva, ¿qué es lo que hace el coach? Acompaña a las personas para clarificar el propósito que da sentido a sus acciones y los valores que las sustentan y para que comprendan las implicaciones sistémicas de estas acciones. ¿Cómo trabaja el coach? Fundamentalmente observa la utilización del lenguaje verbal y no verbal para comprender los procesos de pensamiento y sus patrones, y ayuda a remplazar algunos patrones de pensamiento por otros más útiles.

Utilidad del Coaching

Los procesos de Coaching que se realizan en las organizaciones son más eficientes cuando se integran en un programa estratégico de actuaciones para el desarrollo de los recursos humanos. En este sentido el Coaching en las organizaciones debe perseguir objetivos de mejora del desempeño. El objetivo especificará el resultado y las evidencias del logro, y especificará para cada puesto de trabajo en la organización las repercusiones que tendrá en términos de comportamientos en las personas. De esta forma el objetivo está al servicio de un metaobjetivo: el cambio de conducta y actitud que significa, en la práctica, la definición de metas secundarias en los puestos.

Por otra parte el Coaching puede ser útil para las organizaciones cuando realizan evaluaciones del desempeño pues puede eliminar el elemento de sorpresa en personas que ya han tomado consciencia, mediante Coaching, de sus fortalezas y debilidades.

Las organizaciones muestran un mejor desempeño en las áreas en las que se hace Coaching y son más competitivas, como demuestran el crecimiento de sus ingresos, la cuota de mercado, la rentabilidad y la satisfacción del cliente.

Hay una relación directa entre Coaching y habilidades de liderazgo de las personas que reciben Coaching y también mejora de las habilidades directivas, que incluyen el papel como formador y mentor del directivo.

En general, a lo largo del meta-aprendizaje que supone un proceso de coaching, las personas desarrollan su inteligencia emocional así como habilidades personales que pueden servir para aliviar las tensiones en el trabajo que son causas de baja productividad de la organización.

Además, el Coaching tiene la facultad de rencuadrar las acciones. Como si mirásemos a través del visor de una cámara, mientras abrimos y cerramos el zoom y mientras redirigimos la atención hacia uno u otro elemento, cambia la importancia relativa de ese elemento y tomamos consciencia de las relaciones entre los distintos elementos del cuadro. Este enriquecimiento permite a las personas ser más flexibles en sus juicios y actuar de manera más acertada.

Algunos de los cambios que generan las intervenciones de Coaching son:

- Mejora los canales de comunicación a través del desarrollo de equipos de trabajo y de los nuevos comportamientos y habilidades de las personas que reciban Coaching.
- Mejora de los pequeños pero importantes detalles que ayudan a un cambio en el nivel de compromiso, como una sonrisa, una palabra amable, una broma, un reconocimiento...
- La prédica del ejemplo, cuando las personas ponen en práctica sus nuevos comportamientos son el espejo en el que se miran y comparan quienes están a su alrededor y acaban generando acompañamiento o autoexclusión
- Reconocimiento de las propias limitaciones
- Mejora de la comunicación entre jefes y empleados, por cuanto que los primeros sean quienes se acerquen a los segundos
- Potenciación de la generación de ideas, que incluye las ideas sobre cómo poner en práctica ideas y las ideas sobre cómo evitar riesgos, y ayuda a desanquilosar rutinas
- Desarrollo de la autocrítica
- Fomento del trabajo en equipo
- Multiplicación de la eficiencia de los equipos de trabajo
- Mejora del pensamiento global (sistémico) para mejorar las actuaciones locales
- Aumento de la amplitud de miras sobre nuestro lugar y sentido de la vida y el trabajo
- Relativización y contextualización como ayuda para la priorizar decisiones y tareas
- Alineación de valores y aporte de coherencia entre sentimientos, pensamientos y acciones, proporcionando motivación y brío
- Remplaza el autoritarismo, el poder y el mando por la autoridad y la dirección
- Pone en práctica el desaprendizaje necesario para que se produzcan nuevos aprendizajes

Rentabilidad del Coaching

En el escenario actual de alta competitividad, alta tecnología y gran rapidez, las organizaciones han de afrontar con éxito situaciones complejas, muchas veces ajenas a su propia realidad y casi siempre impredecibles, sin la antelación que requeriría la tradicional planificación estratégica. Ahora es cuando el talento de las personas se hace más necesario; se requieren competencias y habilidades específicas para liderar en el proceso de adaptación a las personas que forman la organización y para tomar las decisiones adecuadas en cada caso y cada puesto.

Invertir en el desarrollo de personas se ha constituido como una estrategia altamente rentable para liberar todo su potencial y ganar su compromiso. En este entorno globalizado donde la incertidumbre y la velocidad del entorno son probablemente las variables de más riesgo es preciso contar con herramientas de primer nivel para liberar el talento y potencial de personas, equipos y organizaciones, maximizando su eficiencia. Desde hace años el Coaching se ha abierto paso como un factor clave para la transformación de personas y organizaciones. El Coaching es un facilitador del desarrollo centrado en soluciones, cuyo propósito es descubrir, mejorar las capacidades y aprovechar las oportunidades de desarrollo, y que lleva aparejada la generación de comportamientos y hábitos útiles para la organización. Por eso ahora el Coaching puede ayudar las organizaciones en su desarrollo y pervivencia.

Numerosos estudios y reputados autores ofrecen datos sobre la eficiencia del Coaching en términos económicos. Aquí sólo mencionaremos algunos, y recomendamos a quien esté interesado las referencias que encontrarán en la bibliografía al final de este libro.

Las empresas que facilitan Coaching externo a sus directivos consiguen un retorno de la inversión (ROI) de 6 veces el coste del Coaching. Mientras que el rendimiento de la formación de alto nivel es del 24%, cuando las organizaciones combinan la formación con Coaching consiguen que el rendimiento llegue al 88%. Por eso es razonable que las empresas más admiradas del mundo, las más importantes y rentables, se diferencien de las demás no en su formación, si no en su utilización del Coaching (el 57% de las mejores lo utilizan, frente al 22% del resto)[xv].

Los efectos del Coaching en las personas son trascendentales. Uno de los aspectos que más potencia el Coaching es el desarrollo de la inteligencia emocional, que es responsable del 90% de las habilidades de liderazgo. Por eso el Coaching es la fórmula más eficaz de desarrollo del liderazgo, verdaderamente la principal en la gestión del talento. En consecuencia, el Coaching reduce drásticamente la probabilidad del fracaso de los directivos y actúa como poderoso imán del talento, puesto que el factor más importante para un profesional a la hora de elegir compañía son las posibilidades de desarrollo profesional, valorada con 7 puntos sobre 10.

Aunque casi la totalidad de las organizaciones considera que la retención del talento va a ser su problema principal en los próximos años, muy pocas de ellas tienen planes para detectar, retener y desarrollar el talento. En este aspecto, el Coaching y la evaluación del desempeño juegan un papel decisivo.

El Coaching es una valiosa ayuda para mejorar el éxito en las organizaciones como demuestra el hecho de que entre los objetivos más frecuentes que atiende están la dificultad para asumir cambios, la incapacidad para trabajar en equipo y las malas relaciones personales. Los procesos de comunicación, el clima laboral, la motivación y el compromiso están directamente afectados por el desarrollo de las competencias emocionales. Por eso, la deficiencia en el desarrollo de competencias emocionales es en gran medida la causa del fracaso en la puesta en práctica de la estrategia para el logro de la misión de las organizaciones. Por eso el Coaching se suele centrar en el desarrollo del liderazgo, aunque en nuestra opinión gran parte de su potencial para las organizaciones está limitado hasta que se extienda a todos los estratos de la organización y se emplee la estrategia adecuada que extenderá sus beneficios como en un sistema interconectado.

El Coaching, mejorará el clima de la organización ayudando a que sea un lugar más atractivo para trabajar manteniendo a los mejores y motivándolos para que alcancen los objetivos de la empresa. La percepción externa de la organización mejorará y esto impactará favorablemente en el aumento de sus oportunidades.

Diversos estudios proporcionan datos definitivos sobre la conveniencia de incorporar procesos de Coaching. Algunos de los resultados prácticos que proporciona la inversión en procesos de Coaching son el aumento de los ingresos, la optimización de costes, la mejora la productividad, la reducción de la rotación, la mejora la orientación al cliente, la mejora las relaciones interpersonales dentro de la organización, y la mejora en calidad de liderazgo.

Estos resultados se traducen económicamente en un retorno de la inversión entre el 600 % y el 1000% (de 6 a 10 veces) de la inversión en tiempo y dinero[xvi]. Las ganancias para los accionistas aumentan como mínimo entre el 50% y el 100% dependiendo de que la inversión en personas sea menor o mayor[xvii], y la considerable reducción costes y tiempos lleva aparejado un incremento en productividad de dos cifras.

Los procesos estratégicos de Coaching obtienen mayor rentabilidad que los procesos aislados, y esta rentabilidad aumenta cuanto más clarificada está la estrategia de Coaching. Si en la estrategia se combinan actuaciones de Coaching a varios niveles, la eficacia se multiplicará aún más. Cuando participan ejecutivos y directivos de los dos primeros niveles de la organización el contagio de sus beneficios es más rápido. Así mismo el impacto en la organización será mayor cuanto mayor sea la cantidad de personas que se implican, con la imprescindible condición de que la participación sea siempre voluntaria. Y definitivamente, una estrategia que aspire a ser verdaderamente eficaz ha de aunar los objetivos personales con los de los equipos afectados y simultáneamente con los de la organización, evitando poner el foco en los errores y aprovechando la información que ofrecen para identificar oportunidades de mejora y aprovechar las fortalezas como punto de palanca.

Qué es la Programación Neurolingüística

El asunto no es el asunto.
El asunto es cómo el cliente habla acerca del asunto.

Joseph O'connor

La Programación Neurolingüística (PNL) estudia la experiencia interna de las personas para obtener los patrones mentales (programación mental) que les permite tener conductas de éxito. De esta forma, repitiendo un determinado patrón, otras personas podrán reproducir los comportamientos de éxito que le acompañan. Por eso la PNL es una herramienta tan poderosa para modificar conductas. Estas experiencias internas las manifestamos y comunicamos a través del lenguaje verbal y no verbal, lo que hace de ambos tipos de comunicación soportes fundamentales para identificar e influir en las forma de pensar y actuar de las personas.

La neurociencia ha demostrado los procesos cerebrales relacionados con, emociones, lenguaje, raciocinio e imaginación están neurológicamente interconectados y son interdependientes, e influyen notablemente en el aprendizaje. Por ejemplo, cuando estamos tristes solemos sentirnos abatido, apesadumbrados, como encogidos, y nos mostramos cabizbajos, alicaídos, arrastramos los pies y hasta el alma, hablamos más bajo y lento, nos cuesta pensar y generar ideas al tiempo que estamos centrados en los sentimientos; vemos las cosas más grises, sin color, y poco motivadoras, incluso quizás no tenemos las ideas claras. En cambio cuando nos sentimos exultantes caminamos con la barbilla alta, paso ligero y decidido, fácilmente imaginamos situaciones y proyectamos el futuro, que vemos con frecuencia con más claridad, más colorido, luminoso, brillante, armonioso, nuestro verbo es más rápido y nuestra voz más clara y alta. Resulta muy difícil –y sería incongruente- adoptar una posición corporal de persona triste y tratar de ser imaginativo, visualizar situaciones y planificar. Y al mismo tiempo las palabras específicas que utilizamos al hablar delatan nuestros procesos mentales. Esto hace que se pueda utilizar el lenguaje como una herramienta muy poderosa influir en los pensamientos, los sentimientos y las acciones de las personas. Pues bien, la PNL trabaja simultáneamente en los planos emocional, intelectual y de expresión verbal y no verbal, logrando que las personas aprendan con la máxima eficacia, y por eso facilita la modificación de conductas.

El cerebro humano tiene una capacidad limitada para procesar información así que necesitamos filtrar la ingente cantidad de información que percibimos a través de nuestros cinco sentidos para poder trabajar con ella. La interpretación de la información que nos llega es la que nos genera sentimientos y estos sentimientos además influyen en la forma en la que procesarnos y elaboramos nuestros pensamientos y los transformamos en acciones; y los pensamientos y las acciones a su vez generan sentimientos. En otras palabras emotividad, raciocinio y comportamiento están entrelazados y dependen de los filtros que ponemos a la información. Con todos estos elementos construimos nuestras creencias, definimos nuestros valores y establecemos nuestros criterios, que son los que configuran nuestro particular mapa de la realidad. Es decir que el mundo que percibe cada persona no es el mundo real sino la particular interpretación del mundo que ha construido utilizando la información filtrada y procesada por ella. Esto hace que "la realidad" de una persona -su mapa del mundo- sea distinta de la de las demás y única, lo que es la causa de tanta disparidad de opiniones, interpretaciones, y también de la variedad de opciones para elegir. En consecuencia la cantidad y calidad de tus opciones depende de tus filtros, de la consciencia que tengas sobre ellos, de la sensibilidad de tus sentidos y de cómo piensas.

Algunos de estos filtros tienen que ver con el sentido preferente a través del que recibimos y procesamos la información. Recientemente uno de mis clientes me contó una escena que presenció en el tren. Una persona mantenía una conversación telefónica de gran intensidad y con tal volumen que tanto a él como a su interlocutor se les escuchaba con claridad: "a mí realmente me suena bien, te lo vuelvo a repetir porque creo que no me escuchas, y te lo diré más alto si hace falta, creo que la propuesta tiene el ritmo que necesitamos", mientras el otro contestaba en su frustración "lo siento, por más que me lo enseñas no lo veo, trato de enfocarlo a tu manera y no lo veo nada claro". Evidentemente como están en canales de comunicación diferentes no se comprenden el uno al otro.

La Programación Neurolingüística nos permite conocer cómo funciona la mente para construir la realidad a partir de la información que obtiene la persona y cómo es el proceso mediante el cual la transforma, generando por ejemplo objetivos, expectativas, miedos o limitaciones. Comprender este proceso es acceder al software con el que funciona el ser humano, y esto abre todo un campo de utilidades. Cada individuo construye su mundo interior generando imágenes que coloca en una ubicación espacial específica y ordena de una forma particular. En consecuencia podemos alterar nuestra experiencia cuando modificamos los atributos de esas imágenes, su ubicación y su orden. Además, las personas delatamos a través de nuestro lenguaje esta experiencia construida, lo que nos permite a quienes tienen los conocimientos y habilidades necesarios, conectar con las personas para influir en ellas.

Por ejemplo, cuando alguien dice que su futuro se presenta borroso, podemos decirle que lo aclare y lo haga más nítido. Así que cuando tengas un problema enorme delante de tus narices que te impida ver el camino a tomar y te haga sentir atrapado, siempre podrás hacerlo más pequeño, ponerlo a un lado y sentirte libre para elegir el camino que más te convenga.

Utilizamos el lenguaje para expresarnos y explicar nuestro mundo interior, dando a conocer nuestras ideas y nuestras emociones. Por eso, cuando prestamos atención a la literalidad del lenguaje podemos conocer cómo es la experiencia interna de las personas y entonces podemos empatizar con ellas y comunicarnos de una forma más efectiva. Cuando somos capaces de operar con el software de nuestro cerebro estamos en condiciones de obtener mayor rendimiento de nosotros mismos.

Entre los diversos modelos que ha desarrollado la PNL, algunos tienen gran utilidad para mejorar los procesos de comunicación de las personas y organizaciones siendo una valiosa ayuda para mejorar su desempeño. Entre ellos están los metaprogramas de comportamiento, los niveles lógicos y el metamodelo del lenguaje.

Competencias profesionales, comportamiento y lenguaje de persuasión. El Perfil LAB ®

Todas las personas filtran su experiencia (la información que reciben a través de sus cinco sentidos) de manera habitual y sistemática. Estos filtros consisten la utilización de la experiencias y aprendizajes vividos anteriormente para interpretar la información que una persona recibe del mundo en cada momento. Por eso estos filtros condicionan nuestra experiencia y nuestro comportamiento, ya que son como una puerta a través de la cual se selecciona y deforma la información que luego manejamos, y así condicionan cómo cada quien responde a una situación concreta, como si estuviera programada para actuar conforme a una actitud. Por lo tanto son específicos de cada persona y además dependen del contexto. Esto quiere decir que una persona puede utilizar ciertos filtros, es decir tener ciertas actitudes programadas, en un contexto familiar y otros distintos en un contexto laboral. Aunque los filtros se utilizan de forma inconsciente, podemos identificarlos a través del lenguaje con el que se expresan las personas. A cada filtro (cada actitud programada) corresponde un patrón de lenguaje, así que las personas con distinto perfil en un filtro se expresan de forma diferente; por ejemplo, una persona proactiva utilizará expresiones como: *hazlo, ve a por él, ponte en acción, por qué esperar, ahora o tenemos que hacer*, mientras que una personas reactiva se expresará diciendo: *vamos a pensar, ahora que lo hemos analizado, esto te dirá el por qué, podría ser, piensa en la respuesta o esto lo aclarará*. Así que podemos utilizar estos filtros muy ventajosamente para la identificación de diferentes perfiles de comportamiento y para la mejora de los procesos de comunicación.

El perfil de lenguaje y comportamiento, Perfil LAB® (Language And Behaviour), es una herramienta psico-lingüística, desarrollada a partir de metaprogramas de PNL, que te ayuda a entender qué motiva a las personas y cómo llegar a ellas. Es una metodología rigurosa con enorme versatilidad, que se aplica en muchos países en cambio organizacional, comunicación, construcción de equipos y reclutamiento. A continuación esbozamos algunas de estas aplicaciones, útiles para el fin que nos ocupa.[xviii]

El comportamiento de una persona en un contexto específico pueda ser predecible con un elevado grado de certidumbre. Así que, podemos definir los comportamientos deseables en un contexto laboral para cada puesto de trabajo y luego podemos identificar a las personas más idóneas: hay puestos que requieren que la persona que trabaja en él sea más proactiva o que reactiva; otros necesitan personas motivadas para lograr metas o en lugar de se enfoquen en evitar problemas; otros precisan personas que prefieran seguir procedimientos a aquellas que prefieren buscar alternativas tratando siempre de hacer las cosas de otra manera; para algunos puestos es mejor tener una visión general en lugar de centrarse en el detalle; también hay puestos para los que se necesita bien trabajar solas, bien en cooperación o bien en compañía; etc. Alternativamente también podemos identificar las habilidades y comportamientos que necesita el puesto y que la persona aún no manifiesta satisfactoriamente y trazar un plan para ayudar a la persona a desarrollarlos. Es decir, podemos identificar las características comportamentales requeridas en un puesto de trabajo, podemos identificar también las características comportamentales de un grupo de personas, y luego elegir a las que mejor se adapten al puesto en cuestión y trazar un programa de desarrollo del talento para mejorar las competencias profesionales de esa persona para el puesto hasta que satisfaga lo mejor posible los requisitos del puesto e incluso podemos trazar un plan de carrera que prevea los conocimientos y habilidades que son necesarios complementar para moverse de un puesto de trabajo a otro.

El hecho de que cada perfil de comportamiento tenga un lenguaje característico nos ofrece además la oportunidad de hacer un mejor uso del lenguaje para facilitar nuestra comprensión, también para lograr más cooperación y en definitiva para ser más eficaces con nuestra comunicación. Por ejemplo, a una persona proactiva le diremos "el objetivo del departamento es reducir los accidentes en un 30% este año. Por favor, ponte en acción cuanto antes e incorpora los datos pertinentes al informe trimestral"; en cambio a una persona reactiva podríamos decirle: "a raíz del análisis de la siniestralidad resultaría necesario para cumplir con los objetivos del departamento reducir la tasa de siniestralidad un 30% este año. Por favor considera este requisito en las acciones que hay que implementar y completa los informes trimestrales con los datos que se generen".

Por ejemplo, un puesto de control de calidad requiere una persona que en cada momento de acuerdo con sus criterios compruebe si el producto encaja o no con los requerimientos. Para este puesto sería idónea una persona cuyo criterio de decisión fuera interno (decide en base a su propia opinión no por opiniones ajenas), motivada para alejarse de problemas, que se fijase en los detalles y cuyo convencimiento necesite comprobaciones continuas; en términos de Perfil LAB® sería un puesto de perfil interno, alejarse, específico y consistente. Probablemente, si la persona que lo ocupa es de perfil comportamental interno, hacia, general y automático, su desempeño sería deficiente porque probablemente esta decidiría por sí misma que el producto es válido si cumple con su propósito general, ya que ni siquiera se fija en los detalles, dando por buenos productos inválidos; además probablemente el trabajo le resultaría monótono y aburrido y estaría desmotivado, lo que podría generar un enrarecimiento del clima laboral.

Y en lo que respecta a la percepción del riesgo, en el ámbito de la seguridad y salud, una persona de perfil general (obvia los detalles, ni siquiera los ve) y hacia (se mueve atraído por los objetivos en lugar de empujado a evitar los problemas) trabajará para lograr los objetivos de producción sin fijarse mucho en los riesgos o en si todas las medidas preventivas necesarias están correctamente adoptadas. El perfil contrario, específico y alejarse, probablemente se bloquease o se comportase con reticencia, miedo o inseguridad porque percibiría que el riesgo no está del todo controlado. Supongamos que estos trabajadores tienen un mal desempeño en PRL; al primero de ellos le expresaríamos la necesidad de que necesita realizar el trabajo de forma segura para que su salud me mantenga óptima hasta el final de su vida laboral. Al segundo le diríamos que para que su vista, sus pulmones, sus músculos y huesos y su cabeza no sufran daños necesita evitar los riesgos que les afectan.

De esta forma, logramos motivar al trabajador, aumentar la eficiencia en el desempeño en el puesto, mejorar la eficiencia de los programas de formación, mejorar la eficiencia de los procesos de contratación y reemplazo, equilibrar los equipos de trabajo.

MOTIVACIÓN

RASGOS	NIVEL PROACTIVO-REACTIVO			DIRECCIÓN HACIA-ALEJARSE		FUENTE INTERNO-EXTERNO		RAZÓN PROCEDIMIENTOS-OPCIONES		FACTORES DE DECISIÓN DIFERENCIA-IGUALDAD CON EXCEPCIÓN-IGUALDAD		
CRITERIOS	Sólo vaya y haga acerca del trabajo	Piense y haga		Maneje prioridades, logre objetivos	Identifique y resuelva problemas	Decida por sí mismo, mantenga los estándares	Se adapte a la retroalimentación	Siga procedimientos	Diseñe procedimientos	Revolucion es y tenga cambios frecuentes	Evolucione	Mantenga estándares
valor CG	5%	58%	38%	15%	85%	43%	58%	95%	5%	0%	5%	95%

COMPORTAMIENTO

DESEMPEÑO

RASGOS	ALCANCE GENERAL-ESPECÍFICO		DIRECCIÓN DE LA ATENCIÓN OTROS-PROPIA	RESPUESTA AL ESTRÉS SENTIMIENTOS-ELECCIÓN-PENSAMIENTO			ESTILO INDEPENDIENTE-PROXIMIDAD-COOPERATIVO			ORGANIZACIÓN PERSONA-COSAS		REGLAS DE COMPORTAMIENTO MÍS/MÍS-NO/MÍS-MÍS/.-MÍS/TÚS				CONVENCIMIENTO Nº-AUTOMÁTICO-CONSISTENTE-PERIODO			
CRITERIOS	Maneje el panorama global	Maneje el detalle	Haga rapport con otros	Tenga alto estrés	Tenga estrés medio	Tenga poco estrés	Trabaje solo	Esté a cargo de su propio territorio con otros alrededor	Esté junto con un grupo	Esté centrada en los sentimientos	Esté comprometida con las tareas	Comunique las reglas y sus expectativas	Transmita las reglas recibidas	Sólo haga	Entienda ambas partes	Nº de ejemplos	Poca info. Beneficio de la duda. Asertivos	Nunca suficiente, etine convencidos	Reunir info durante un tiempo convencido
valor CG	31%	69%	38%	0%	3%	95%	25%	70%	5%	20%	80%	20%	0%	5%	75%	0%	95%	0%	0%

20 Ejemplo de identificación de perfil comportamental en el puesto

ID. PUESTO	Clasif. Prof.	Denominación	T. TRAMITACIONES
Pesto Específico		Familia organizativa	GSC
1044 7678		Departamento	TRAMITACIONES
Puesto Tipo	G	Dirección	CONSTRUCCIÓN
1044 7456		Dirección General	TRANSPORTE

	PERFIL TÉCNICO	PERFIL COMPORTAMENTAL		FORMACIÓN	
		MOTIVACIÓN	DESEMPEÑO	CONOCIMIENTOS	HABILIDADES
COMPETENCIA GENERAL	CG.55 Garantizar que las instalaciones de transporte cumplan los requisitos legalmente exigibles para su implantación en el territorio, desde su fase de diseño hasta su ejecución y puesta en servicio, siguiendo la política interna de la organización	se requiere muy alta capacidad para seguir las rutinas del puesto pero también gran iniciativa en las tareas y en menor grado capacidad de reflexión y análisis, con atención constante a la resolución de incidencias y deficiencias que solucionará siguiendo los procedimientos establecidos, atendiendo sobre todo al criterio ajeno, aunque el suyo propio también tiene bastante peso	en el puesto se manejan cantidades pequeñas de información ordenada en secuencias lineales; la persona se debe centrar en cumplir con la tarea y aunque es necesario un cierto nivel de empatía para lograrlo, en general las tareas se realizan en con desafección y con mucha autonomía; no obstante se necesita bastante capacidad para comprender las posturas ajenas	• Derecho Administrativo (esp. Bloques 1 y 2 CEF) • Urbanismo y ordenación del Territorio • Expropiación forzosa • Conocimientos en Derecho Medio Ambiental • Estructura básica y organización de la empresa. • Programa Integración	• Comunicación • Habilidades Sociales 1 • Trabajo en equipo • Negociación

19 Ejemplo de descripción del puesto

Eficiencia y los Niveles Lógicos

Las etapas de cada proceso de comunicación, de aprendizaje o de cambio tienen una clasificación jerárquica natural, que se desarrolla al tiempo que se desarrollan las personas desde su infancia. Al principio el niño dirige su atención hacia dónde se encuentra, pues es el entorno que le rodea el que le proporciona oportunidades y limitaciones. Conforme crece comienza a prestar a tención a qué es lo que hace, los comportamientos, sus acciones y reacciones. Más adelante, el joven se interesa por cómo hace lo que hace, y traza mapas y planes conforme a sus capacidades y competencias. Un mayor nivel de desarrollo lo alcanza cuando se pregunta porque y para qué hace las cosas e indaga cómo encajan sus actos con sus creencias y valores, que son los que le otorgan permiso y motivación. En esta etapa del desarrollo personal suelen suceder rupturas personales o profesionales y es necesaria para avanzar en el conocimiento propio y asumir que cada uno está formado por distintas identidades (el trabajador, el amigo, el hijo…); saber quién es le ayuda a decidir cuál es su misión en la vida. Con esta visión sistémica la persona está preparada para trascender lo personal y preguntarse acerca de su relación con los demás, con la naturaleza, con lo trascendental, adquiriendo una consciencia más espiritual que proporciona visión y propósito a la persona.

20 Pirámide de los niveles neurológicos de Dilts

Por eso los niños centran poco la atención, están atentos a todo y a nada, se distraen con facilidad. Cuando la persona crece, poco a poco va centrando su atención, enfocándose en la tarea y llegando a concentrarse y planificar cómo hacerlo. Mientras enfoca su atención, lo que queda fuera del foco pierde importancia y puede llegar a desaparecer, de forma que nos cuesta relacionar unas cosas con otras y perdemos perspectiva y capacidad de aprender, al tiempo que nos afirmamos ganando seguridad y confianza en nosotros mismos; hasta que en algún momento nos encontramos desubicados, faltos de referente y nos cuestionamos acerca del sentido de nuestros actos y nuestra vida. Llegados a este punto suele resultar difícil ampliar por nosotros mismos el foco para contextualizarnos, dar sentido a nuestra vida y orientar nuestros actos para tener una vida plena.

Cada nivel tiene la función de organizar la información disponible en el nivel inferior. Por ejemplo, cuando se modifica una creencia sobre algo, se modifica la percepción que se tiene de ello y entonces se pueden aprender nuevas competencias, adoptar nuevas actitudes, etc. Por eso si yo creo que no puedo cambiar el comportamiento de las personas entonces no actuaré para conseguirlo porque no me habré dado permiso para trazar una estrategia de cambio.

Y si quiero cambiar el comportamiento de las personas, entonces cambiar mi misión será una estrategia útil, tal como se aprecia en estos ejemplos:

1. Situación de partida: mi trabajo es (misión) que los sistemas de gestión se certifiquen para tener una buena imagen corporativa, así que se deben (valores) cumplir los procedimientos y como no puedo cambiar los comportamientos de las personas, porque son como son, se tienen que limitar a cumplir con sus obligaciones (creencias) y para eso les proporciono lo que necesitan para cumplir con sus obligaciones (capacidades y comportamientos): medios de trabajo, protección y formación.

2. Situación lograda mediante el cambio en la misión: mi trabajo es (misión) integrar la gestión de SST en el sistema de gestión de la organización, que sirve para que la organización sea competitiva, y para eso tenemos que ir todos a una y estar todos comprometidos (valores) en hacer las mejoras necesarias, porque si la empresa gana más es más fácil que las condiciones laborales y estabilidad mejoren para todos (creencias y valores), así que tengo que actuar poner en marcha una estrategia para que todas las personas de la organización comprendan y se comprometan a actuar (capacidades y comportamientos) para reducir las horas de trabajo perdidas por causas relacionadas con la SST.

Cuando estos niveles están alineados las personas se muestran equilibradas y en armonía y son capaces de utilizar sus esfuerzos de manera más eficiente. Cuando las experiencias entre los niveles no son coherentes las personas sufren desequilibrios que se traducen en infelicidad y en falta de eficiencia. Y esto mismo sucede en las organizaciones. (Como la empresa no se preocupa por mí ni va a cambiar –creencia-, ¿para qué me voy a preocupar yo de usar guantes o casco, o de avisar si alguna medida de prevención es inadecuada -comportamiento-?)

Estos niveles lógicos permiten establecer un diagnóstico sobre las causas de las ineficiencias y sirven también para decidir en qué nivel podemos actuar para proporcionar cambios deseados. Trabajar en el nivel de valores y creencias (para qué y por qué se hace lo que se hace) puede ayudar a

CMPRL

solucionar muchos de los trastornos que causan pérdida de competitividad en las organizaciones, puesto que una amplia variedad de ellos se sitúan en este nivel o en los inferiores niveles de capacidades (cómo se hace lo que se hace) o comportamientos (qué se hace). Muchas de las ineficiencias relacionadas con valores y creencias son causadas por:

- la disminución de compromiso, que puede llevar el apalancamiento del talento que se da por falta de compromiso o competencia;
- los comportamientos incoherentes con las políticas establecidas; las incapacidades para hacer frente a nuevas realidades por considerar que lo que fue revolucionario ayer tiene que seguir siéndolo hoy;
- los continuos ritmos asfixiantes de las empresas que van al límite de las capacidades personales y organizativas;
- la falta de capacidad para reconocer los cambios en el mercado con anticipación suficiente;
- la falta de visón acerca de cuál es la finalidad principal del departamento en el caso de las áreas de RR.HH., calidad, SST;
- la falta de voluntad y decisión de las empresas que, disponiendo de recursos, no desarrollan ideas y proyectos que tienen;
- las organizaciones en las que se mercantiliza a las personas utilizándolas como una pieza remplazable del sistema de producción.

En este sentido es importante recordar que la comunicación, bien sea en el ámbito interno de la organización o bien entre ésta y el entorno exterior del que depende, es una competencia y por tanto se encuentra en el nivel de capacidades.

Las personas cambian sus comportamientos a través de un proceso de jerarquías. El cambio básico es en la parte inferior de la jerarquía, el medio ambiente. El mayor nivel de cambio es en la parte superior, la espiritualidad. Las personas que cambian un cierto nivel de la jerarquía cambian también en los niveles inferiores. Sin embargo las personas no cambian a niveles superiores a los que se encuentran.

Por ejemplo, algunas personas pueden cambiar su entorno de trabajo o medio ambiente, pero eso no significa necesariamente que cambien sus

174

comportamientos. Sin embargo, las personas que cambian sus comportamientos cambian su entorno. Las personas que cambian sus habilidades y conocimientos cambian sus comportamientos y medio ambiente, y así sucesivamente. Las personas que son capaces de cambiar la espiritualidad han alcanzado el nivel más alto de la jerarquía, y han experimentado la mayor cantidad de cambios posibles.

Medio ambiente. Como responsable de la seguridad tu primer trabajo es asegurar que el entorno es seguro para todos los empleados. Esto significa que debes asegurarte de que las máquinas reciban el mantenimiento que necesitan y se operen correctamente, y el ambiente general de trabajo es tan libre de riesgos como sea posible. Esto cumple el nivel más básico de la jerarquía: la gente es segura a nivel medioambiental.

Conducta. Cuanto entrenas a tus colaboradores en materia de seguridad del comportamiento, estás tratando de cambiar su conducta. Tu misión es hacer que ellos entiendan que sus conductas inseguras en el lugar de trabajo podrían dar lugar a lesiones físicas. Darles información y mostrarles lo que deben hacer para estar seguro puede influir para que cambien sus comportamientos. Al cambiar sus comportamientos hacen su entorno mucho más seguro.

Habilidades y conocimientos. Cambiar la conducta a veces puede ser difícil, ya que puede ser que no tengan los conocimientos y las habilidades para hacerlo. Así que si les das la formación en habilidades y conocimientos que mejoren su comportamiento de seguridad, serán más propensos a cambiar su conducta y por lo tanto a hacer su entorno más seguro.

Creencias y valores. Muchas personas que cambian su comportamiento sólo lo hacen porque alguien les dice que lo haga. Ellos pueden aprender una nueva habilidad, pueden usar sus habilidades y conocimientos para actuar de maneras más seguras y crear así un ambiente más seguro, pero en realidad no creen en ella. Sólo pondrán en práctica la seguridad cuando la gente los está viendo, pero vuelven a sus hábitos inseguros cuando está sólo. Esto hace que, se adquieren rutinas desmotivadoras, anquilosamiento de los comportamientos e inadaptación a los inevitables imprevistos transformando entonces una conducta segura en otra de riesgo. Sin embargo si empiezan a creer que el trabajo seguro es crucial y creen además que es posible la seguridad total de su entorno, entonces se han cumplido con los valores y creencias a nivel de jerarquía. Aquí es donde un coach hace la diferencia, ayudando a las personas a establecer la seguridad como un valor, y ayudando a remplazar creencias poco útiles (esto es un desastre, no podemos mejorar, mi esfuerzo no sirve para nada…) por otras más útiles y potenciadoras.

Identidad. La identidad es lo que muchos líderes de seguridad han logrado debido a que su trabajo y su vida están regidos por la seguridad. En todo lo que hacen, hacen lo que es seguro. Es parte de su identidad. Los empleados pueden llegar a este punto, sobre todo si siguen los consejos de su líder en seguridad de cerca y ponen en práctica la información sobre seguridad de sus vidas, en el trabajo y en casa.

Espiritualidad. Su misión es servir a los demás, y dedican su vida a esto. Este el más alto nivel por una razón, no es fácil de lograr. Sin embargo, si quieres lograr esto puedes estar seguro de que el nivel de seguridad en tu lugar de trabajo será uno de los mejores.

¿A qué nivel están tus colaboradores? Cuanto más alto sea el nivel, mejor. Aunque al menos debes alcanzar, para decir que te encuentras con una buena seguridad en el trabajo, el nivel de habilidades y conocimientos.

Con un poco de ayuda ahora puedes evaluar el nivel que tienes en tu empresa, para luego trabajar en el aumento de ellos en la jerarquía de la seguridad. Pronto verás cómo cambia su conducta hacia la cultura de seguridad en el lugar de trabajo.

Aprendizaje y el Metamodelo

Tenemos a nuestra disposición una herramienta excelente para desentrañar el modelo de pensamiento de las personas; es el llamado Metamodelo del lenguaje. El Metamodelo sirve para analizar el lenguaje con el que se comunica la persona y detectar cuál es el patrón de pensamiento que subyace bajo las palabras. Como ese patrón de pensamiento es el responsable de sus acciones, conductas y hábitos, es importante hacerlo aflorar para que la persona tome consciencia del mismo y pueda cambiar lo que desee. Esta toma de consciencia sobre la manera en la que construimos nuestro modelo del mundo nos permite contemplar otras opciones y así nos ofrece la oportunidad de elegir y obtener otros resultados. Una persona puede tener una idea completa y total de lo que quiere decir –estructura profunda-, aunque para hablar con claridad lo expresa a su manera, ofreciendo una versión simplificada y particular de la información – estructura superficial-. Lo que realmente hace es acortar la idea completa empleando palabras generales e inespecíficas, y también otras palabras específicas que para ella tienen un significado preciso porque le evocan imágenes, sonidos y sentimientos que la otra persona no tiene porqué compartir. De esta forma utilizamos el lenguaje como un filtro que ayuda a pensar en una dirección pero dificulta pensar en otras.

Ejemplo: .

> estructura superficial: si te pones el casco así, podemos tener problemas
>
> metapregunta: así, ¿cómo?; ¿quiénes podemos tener problemas?; ¿qué problemas?; ¿de qué forma podemos tener los problemas?
>
> Estructura profunda: si te pones el casco sin abrochar el barboquejo, podría caerse dejando desprotegida tu cabeza y tú podrías tener un accidente que cause daños a tu salud y la empresa repercusiones económicas negativas para la empresa por pérdida de producción, indemnizaciones y sanciones por incumplimientos legales.

Ejemplo:

> estructura superficial: evidentemente, tengo razón
>
> metapregunta: ¿para quién es evidente?; específicamente, ¿qué evidencias tienes?

El Metamodelo utiliza el lenguaje para clarificarlo rescatando la información perdida y permitiendo comprender el significado específico de las palabras para dar sentido a la comunicación. En definitiva, el Metamodelo nos ayuda al aprendizaje doble porque nos permite aflorar el programa maestro de acción de las personas para contrastarlo luego con el programa maestro de dirección.

AJUSTE DE CRITERIOS PARA MODIFICAR LOS COMPORTAMIENTOS, EL CLIMA Y LA CULTURA.

Aunque los valores de dos personas puedan coincidir, con frecuencia se encuentran desavenencias entre ambos que hace difícil el entendimiento y la relación no llega al puerto que ambos desearían. En esos casos conviene, primero, revisar en qué medida se ajustan los criterios que ambos están considerando para determinar si la forma en la que se cumple ese valor es aceptable para ellos y, luego, tratar de hacer los ajustes oportunos.

Tal vez estés de acuerdo con algún compañero o compañera en que el orden y la limpieza son fundamentales, imprescindibles incluso. Ese puede ser un valor muy importante para los dos. En cambio, el estado en que se encuentran las cosas en ese sentido es frecuente fuente de discusiones, desavenencias y conflictos, generando un estado de ánimo poco conveniente que afecta al resto de las actividades. Podría ser que, si profundizaseis en qué significa ordenado y qué significa limpio para cada uno, encontraríais diferencias en la cantidad de objetos depositados aquí y allá y en la cantidad de suciedad visible que marcan el nivel de tolerancia de cada uno. O quizá en el nivel de tolerancia también interviene la calidad, es decir, que lo que uno considera ordenado para el otro es desorden, porque las cosas están en un lugar donde no deberían, independientemente de la cantidad de cosas de que se trate. Una vez que hubierais aclarado estos criterios, cuando hubierais determinado en qué medida importan y hasta dónde son tolerables, estaríais en disposición de acordar lo que es aceptable para lograr la satisfacción de ambos y evitar las situaciones desagradables que antes se producían, así como sus consecuencias.

Los criterios son normas valorativas aplicables a una gran variedad de situaciones. Los criterios indican para qué hacemos algo y son una manera eficaz de organizar nuestro comportamiento, puesto que la importancia relativa de unos criterios sobre otros influye poderosamente en la motivación y energía que invertimos en nuestros actos, y condiciona que tomemos unas decisiones en lugar de otras. Los criterios también influyen en la sintonía que se produce entre las personas. Estamos más en sintonía con alguien cuando los criterios que utilizamos para satisfacer las cosas que son importantes para nosotros coinciden. Por el contrario, cuando son diferentes los respectivos criterios que utilizan para decidir si consideran que han alcanzado el objetivo valioso que persiguen, con frecuencia surgen desavenencias, por más que el fin que se busca sea común.

Así que tenemos el caso en el que dos personas manejan un criterio distinto para valorar una situación. Y también es habitual que una persona tenga distintos criterios para evaluar una situación y se encuentre confusa sobre cómo actuar porque no tiene claro qué criterios priman sobre otros, porque no sabe cuál es la jerarquía de sus criterios.

Ciertos criterios como tener razón, agradar a los demás, o tener poder suelen ser muy importantes para algunas personas, mientras que otros como cuidar la salud no suelen ser considerados tan importantes. Ahora disponemos de técnicas eficaces para cambiar rápidamente el orden de importancia de estos criterios y conseguir más equilibrio.

Cuando tenemos que elegir entre producción y prevención, merece la pena preguntarnos "¿Hasta dónde puedo llegar para coger la fruta sin caerme de la escalera? A menudo los problemas surgen de situaciones en las que dos criterios están en conflicto. Entonces ajustar los criterios produce una importante diferencia. Podemos imaginar claramente una situación en la que sería muy conveniente ajustar los criterios de alguna persona para que los riesgos que tanto él como sus colaboradores prioricen éste sobre aquel. Esto haría que los comportamientos, los resultados e incluso el clima fueran distintos. Y ello influiría en la cultura de la organización.

Se puede ajustar de forma sencilla la importancia relativa de un criterio. El primer paso es suscitar la jerarquía de criterios de la persona, es decir, la organización de sus diversos criterios orden de importancia. El segundo paso consiste en examinar las diferencias entre las representaciones mentales de estos criterios. Finalmente, el tercero es utilizar estos códigos para ajustar un criterio problemático.

Supongamos que estamos hablando con un mecánico de un taller de automóviles que suele trabajar con las herramientas y piezas mecánicas desperdigadas por su puesto de trabajo y que acostumbra a dejarlas así hasta el día siguiente. Para descubrir los criterios que hacen que se comporte así y su jerarquía, dialogaremos con él. La conversación podría transcurrir así:

- *Coach*: hola paco, parece que sueles trabajar con las herramientas esparcidas y cuando termina la jornada las dejas así hasta el día siguiente. Podrías recogerlas, pero no lo haces. ¿Qué consigues si no ordenas las herramientas?
- *Mecánico*: Que se acumulen hasta que empiezo a sentirme incómodo o no encuentro alguna, y entonces las recojo todas juntas.
- *Coach*: Y entonces, ¿qué conseguirías recogiéndolas todas juntas?
- *Mecánico*: Ahorrar tiempo.
- *Coach*: ¿qué haría que recogieras las herramientas al final de la jornada aunque eso te hiciera perder tiempo?
- *Mecánico*: Que tuviera que entregar una orden (de reparación)
- *Coach*: ¿Por qué es importante para ti entregar una orden de reparación a tiempo?
- *Mecánico*: Porque así mi cliente queda satisfecho, y un cliente contento es un buen cliente.
- *Coach*: Entonces, ¿qué haría que no recogieras las herramientas aunque no pudieras que entregar una orden de reparación y el cliente quedara insatisfecho?
- *Mecánico*: Que fuese a venir una visita, como un supervisor, un auditor…
- *Coach*: ¿Qué es lo más importante para ti en esa situación?
- *Mecánico*: La percepción que tendría de mí, que se llevase una buena impresión de mí.
- *Coach*: Ahora recuerda que las herramientas están sin recoger, y tienes que entregar una orden de reparación a tiempo, y viene una visita. En ese contexto, ¿qué te haría recoger las herramientas aunque no entregaras la orden a tiempo?
- *Mecánico*: Que entorpecieran el trabajo de alguien.

- *Coach*: Entorpecer es algo negativo, suena mejor mantener la eficacia. ¿Te parece aceptable que digamos mantener la eficacia?
- *Mecánico*: Sí, la verdad es que suena bastante mejor. Me parece bien.
- *Coach*: Muy bien, entonces, ¿qué haría que dejaras las herramientas sin recoger aunque te saltases la eficacia de otros?
- *Mecánico*: Que se produjera una situación crítica, como un incidente grave, por ejemplo que fallase un elevador de vehículos y un coche se pudiera caer.
- *Coach*: ¿qué estarías logrando al responder a ese incidente?
- *Mecánico*: Lograría que algún compañero no se accidentase,… mantendría su seguridad.
- *Coach*: Qué haría que recogieras las herramientas de todos modos, sin ayudar en el incidente aunque no mantuvieras la seguridad de tu compañero.
- *Mecánico*: Yo no podría recoger las herramientas si la seguridad de alguien está en compromiso.
- *Coach:*¿Qué más podrías añadir al contexto que tenemos hasta ahora: unas cuantas herramientas esparcidas por ahí, una visita importante, entregar una orden a tiempo, la eficacia de los compañeros, y además un incidente grave, que te llevara a violar el mantener la seguridad?
- *Mecánico*: Hombre, si milagrosamente apareciese antes que yo alguien que le pudiera ayudar y solucionase el incidente y mi ayuda no fuera necesaria, entonces podría recoger las herramientas.

Llegados a este punto, en el que la persona no pasa a un criterio más alto, parece que hemos llegado al final. Ciertamente la seguridad de otros es uno de los criterios más importantes a los que se puede llegar. No obstante, podríamos profundizar más si lo estimásemos conveniente, pues aunque la mayoría de las personas valoran más su propia vida que la de los demás, otras personas también pueden apreciar algunos principios como la moral o hacer lo correcto más que su propia vida.

Observamos que durante el proceso hemos ido incorporando elementos nuevos al contexto, uno a uno, modificándolo. Al mismo tiempo hemos suscitado ido obteniendo criterios cada vez más importantes, poniendo atención a que estén expresados todos en forma positiva (lo que es importante, entre otras cosas, para facilitar a la persona que ordene mejor los criterios y también para la posterior fase de cambio de criterios). La clave consiste en hacer las preguntas adecuadas para que vaya ascendiendo por su jerarquía, averiguando qué es lo bastante importante como para hacerle sacrificar el último criterio que hemos suscitado. De esta forma añadimos un nuevo elemento al contexto.

CONDUCTA	CONTEXTO	CRITERIO
Podría recoger las herramientas, pero no lo hago	Herramientas desperdigadas	Ahorrar tiempo
Podría recogerlas	Herramientas desperdigadas y una orden de reparación	Proporcionar satisfacción a mi cliente
No las recogería	Herramientas desperdigadas y una orden de reparación y la visita de algún supervisor	Causar una buena impresión
Podría recogerlas	Herramientas desperdigadas y una orden de reparación y la visita de algún supervisor y obstáculos para otros	Mantener la eficacia de otros
No las recogería	Herramientas desperdigadas y una orden de reparación y la visita de algún supervisor y obstáculos para otros y un incidente grave	Mantener la seguridad de otros

Ahora ya sabemos cuáles son los criterios de esa persona para ordenar las herramientas y su importancia relativa. A continuación, a la vista del resultado, podríamos ajustar su jerarquía, con las debidas precauciones, para lograr comportamientos más adecuados. El proceso de ajuste se realizaría en tres fases, primero elicitando las características de la representación mental que la persona hace de los criterios cuya importancia relativa queremos cambiar, luego modificándolos para conseguir reordenar la importancia relativa de unos y otros, y después comprobando que la nueva jerarquía está establecida y que resulta también útil en otros contextos de la persona (o bien restringiendo esta jerarquía exclusivamente a este contexto).

Cuando hablamos de nuestros criterios solemos expresarnos diciendo que tienen "alto" valor, que tal criterio es "fundamental" o "básico", o que cual criterio está "más en primer plano". La literalidad de las expresiones con que las personas describen sus criterios nos indica cómo es su representación mental, como los ven en su mente. Por tanto, podemos cambiar su jerarquía de criterios modificando estas imágenes que forman en su mente, modificando las representaciones mentales de los criterios. Para ello se utilizan técnicas avanzadas de programación neurolingüística. Por ejemplo cuando colocamos, "en el más alto lugar" el criterio que estaba antes por debajo; o cuando hacemos que el criterio de la seguridad y la salud propias sea más grande que el criterio de cumplir con las instrucciones. Porque, ¿qué crees que le pasará a alguien cuyo criterio de cumplir con su obligación literalmente "pesa más" (o "es más grande") que el de no accidentarse o no enfermar? Te propongo que observes en los cambios que se producen cuando lo expresamos así: ¿qué crees que le pasará a alguien cuyo criterio de cumplir con su obligación literalmente "pesa más" que el de permanecer sano y saludable?

11. CONCLUSIÓN

La competitividad daña fácilmente la salud de las personas, sobre todo a través del estrés y sus dolencias relacionadas. El nivel de estrés depende, además, de cómo las personas reaccionan ante los eventos en función de sus creencias e interpretaciones de los hechos. Esto hace que, en el mismo contexto, distintas personas presenten distintos comportamientos frente al estrés. La competitividad es esencial para la pervivencia de las organizaciones y éstas necesitan aprender para ser competitivas. Los sistemas de gestión (SG) deberían producir este aprendizaje. Los SG están íntimamente relacionados porque comparten su fundamento y su objetivo lo que hace muy conveniente su integración real para el beneficio de la organización.

El aprendizaje más útil se genera a través de un proceso de cuestionamiento, reflexión y acción, tanto en las personas como en las organizaciones y que estas competencias se pueden adquirir. La importancia de las personas en todos los niveles es vital para que la organización sea competitiva y puesto que el desempeño de ésta, como conjunto de personas que es, se corresponde con el desempeño de los individuos y los equipos en que se integran.

En otras palabras, la competitividad de las personas y de las organizaciones depende de que sean capaces de generar aprendizajes útiles. Y aunque la formación y los sistemas de gestión son simultáneamente las herramientas de aprendizaje de que disponen unas y otras, habitualmente producen aprendizajes deficientes que, además, pueden llegar a tener consecuencias contraproducentes cuando se gestionan de forma rutinaria.

El lubricante que hace que la maquinaria de la organización funcione sin chirriar, sin dañarse y a su máximo rendimiento es el aprendizaje, y los engranajes son las personas que la conforman. Las personas definen la organización, su estructura, sus objetivos y su estrategia. Las personas organizan y gestionan el trabajo y también lo realizan.

Por eso una adecuada estrategia de formación puede mejorar el rendimiento de la organización y su competitividad. Afortunadamente ahora sabemos que el éxito de las personas depende esencialmente de sus competencias blandas, que se refieren a cómo se relaciona una persona consigo mismo y con los demás. Las relaciones se basan en la comunicación, de hecho son comunicación. Y esto hace que cuando mejoremos las habilidades de comunicación de las personas –consigo mismos y con los demás- mejoraremos su eficacia, así como el rendimiento y la competitividad de la organización que conforman. Además, debido a que el desencadenamiento y la respuesta al estrés tienen que ver con cómo pensamos acerca de las cosas, es decir, con cómo nos comunicamos con nosotros mismos, podemos mejorar nuestra respuesta cuando adquiramos mejores habilidades de comunicación. Y así, reduciendo el estrés, aumentaremos la competitividad.

De esta forma, y desde un punto de vista preventivo, una intervención psicosocial orientada a mejorar y adquirir habilidades de comunicación que sirvan para el aprendizaje, además de disminuir el estrés aumentará el rendimiento y la competitividad de las personas y de su organización, y puede potenciar una cultura preventiva necesaria para este fin, logrando un clima laboral más saludable.

No es un secreto que disciplinas como el Coaching y la programación neurolingüística son inversiones extremadamente rentables porque han demostrado que producen aprendizajes más rápidos y de mayor calado.

Cuestiones como la percepción del riesgo, los criterios de decisión que priorizan entre producción y prevención, así como todas las creencias que defendemos las personas, condicionan nuestros pensamientos y comportamiento y con ello nuestro resultado. Así que si queremos cambiar el resultado siempre podemos cambiar la forma en que pensamos. El Coaching y la PNL sirven precisamente para aprender a comportarnos de forma más útil usando aprendizajes eficientes basados en los procesos neurológicos que nos ayudan a adquirir habilidades de comunicación que nos proporcionarán mayores tasas de éxito y mejores resultados.

Sólo cada quien puede decidir cuándo aplicarlos y, para contrastar su eficacia así como para detectar nuevas posibilidades de aprendizaje y mejora, resultará conveniente evaluar los avances en el desempeño basándose en criterios objetivos como son las competencias profesionales previamente definidas.

Por tanto, una intervención psicosocial cuyo objetivo sea la adquisición de determinadas habilidades de comunicación puede mejorar la competitividad de una organización. Esto es así porque afectará positivamente al estrés de las personas, también superará las barreras organizacionales que dificultan la mejora continua, creadas por deficiencias en la comunicación de las personas y además potenciará un clima en el que se transmitan eficazmente las necesidades y deficiencias tanto en el diseño como en la ejecución de procesos, procedimientos y tareas, redundando en su mejora y en la de las condiciones de trabajo.

Aunque cada herramienta existe y su respectiva eficacia está sobradamente probada, podemos optimizar nuestra inversión cuando utilicemos una estrategia que las combine adecuadamente, multiplicando así el resultado que obtendremos. Esta potente palanca se apoya en la integración del sistema de gestión de la seguridad y salud en el trabajo.

CMPRL en síntesis:

✓ el objetivo: mejorar la competitividad de la organización
✓ la estrategia: superar las barreras que dificultan el aprendizaje organizacional a través un proceso que multiplica la eficiencia de las

mejores herramientas y se apoya en la integración de la gestión de la seguridad y salud en el trabajo

- ✓ la herramienta: formación en habilidades de comunicación intra e interpersonal mediante técnicas de coaching y PNL (cuestionamiento, reflexión y acción)
- ✓ los efectos colaterales: mejora del clima laboral, reducción de la incidencia del estrés, mejora de la cultura preventiva, optimización de los sistemas de gestión

12. PROPUESTA: CMPRL

Los tradicionales modelos de dirección, que se centran en aspectos de control técnicos y económicos han evolucionado hacia otros modelos que integran en la gestión valores ligados al desarrollo, la participación, el aprendizaje continuo, la confianza mutua y el compromiso compartido de las personas que conforman la organización. Las organizaciones existen para la consecución de un fin, de forma que estos valores han de traducirse en los comportamientos habituales que lleven al logro del objetivo que justifica la existencia de la organización.

CARACTERÍZACIÓN DE MODELOS DE DIRECCIÓN	
TRADICIONALES	NUEVOS
Control técnico	Gestión de valores
Control económico	Aprendizaje continuo
Supervisión	Confianza mutua
	Compromiso compartido

21 Caracterización de los modelos de dirección

Así pues el éxito de una organización está determinado por las relaciones que se producen en su propio seno y también por las relaciones que se establecen con el entorno exterior en el que desarrolla su actividad. Esto implica que a la hora de intervenir en una organización para mejorar su competitividad necesitamos tener en cuenta todas estas dimensiones.

Por otra parte cuando estimulamos el cambio, hemos de tener presente que cada aprendizaje conlleva la tarea de desaprender los hábitos que queremos evitar. Es precisamente este proceso de desaprendizaje el que presenta mayores dificultades para las personas –y en consecuencia también para las organizaciones-, porque necesita vencer la barrera de los hábitos previos. Los hábitos son acciones que se realizan automáticamente frente a un estímulo, eludiendo procesos de razonamiento. Lo paradójico es que por un lado esta elusión resulta útil porque reduce el tiempo de respuesta y deja que el razonamiento se ocupe de otras tareas ganando en productividad, pero al mismo tiempo puede llevar a que no analicemos la eficacia de las acciones y estas resulten contraproducentes. Podemos evitar este efecto contraproducente de los hábitos de conducta incorporando un nuevo hábito para que las personas comprendan y evalúen los beneficios de sus acciones.

Hemos diseñado una intervención estratégica que ayudará a las organizaciones que lo deseen a ser más competitivas y que es consecuente con la idea de que las imposiciones tienen menos oportunidades de prosperar porque generan resistencia. El punto de palanca de esta intervención estratégica es la SST, porque de un desempeño defectuoso puede tener consecuencias limitantes o incapacitante para las personas afectadas y también para la organización. Todos los departamentos de la organización están implicados en la gestión de la SST porque su éxito es el resultado de los comportamientos de las personas en todos los niveles a lo ancho de la organización, derivados de las respectivas actitudes. Y como las obligaciones suelen condicionar una actitud de rechazo o cuando menos de desafección que se opone a la voluntad requerida, acogemos la máxima de nunca imponer, siempre seducir o convencer.

De igual forma que un equipo de personas es más que la suma de sus miembros, el resultado de un equipo de acciones es superior a la suma de cada una de ellas. Nuestra propuesta consiste en utilizar una combinación de instrumentos que ya han demostrado su eficacia individual para armonizar comportamientos y encaminar hacia el éxito. Trabajaremos esta combinación en una secuencia de cuatro etapas para lograr la toma de conciencia, el compromiso, abordar las acciones necesarias para el cambio y finalmente evaluar los resultados obtenidos e identificar oportunidades de mejora.

MEJORAR LA COMPETITIVIDAD MEDIANTE LA INTEGRACIÓN DE LA PRL		
OBJETIVO 1: APREHENDER EL MODELO DE LIDERAZGO PREVENTIVO DE ÉXITO		
ACTIVIDAD	METAS	PARTICIPANTES
1.1. Formación para el liderazgo en PRL	A. Tomar conciencia de las competencias necesarias para un liderazgo de éxito en PRL B. Preparar a la persona para la adquisición de las competencias emocionales del liderazgo de éxito	**Grupos** de directivos y mandos intermedios participantes en las actividades 3.1 Coaching ejecutivo y 3.2 Coaching de equipos
OBJETIVO 2: ADQUIRIR COMPETENCIAS EMOCIONALES Y SUPERAR DE BARRERAS ORGANIZACIONALES		
ACTIVIDAD	METAS	PARTICIPANTES
2.1. Coaching ejecutivo	C. Identificar los objetivos y el estado actual D. Identificar los metaobjetivos , alinear y expresar los valores E. Superar los obstáculos, potenciar los recursos y establecer el Plan de Acción	**Personas** de la alta dirección de la empresa con responsabilidad ejecutiva en PRL
2.2. Coaching de equipos	F. Alinear los objetivos del equipo y de la Organización G. Tomar conciencia de las debilidades y fortalezas del equipo y de cada miembro H. Superar los obstáculos, adquirir y potenciar los recursos del equipo I. Mejorar la eficiencia de los procesos de trabajo en equipo	**Equipos** de trabajo formados por mandos intermedios en PRL (gestores de PRL / productores de PRL)
OBJETIVO 3: INICIAR EL CAMBIO DE MODELOS MENTALES		
ACTIVIDAD	METAS	PARTICIPANTES
3.1. Coaching personal	J. Identificar y contrastar los modelos mentales de la persona K. Cambiar los modelos mentales por otros más útiles	**Todas las personas de la empresa**
OBJETIVO 4: EVALUAR LA MEJORA DEL DESEMPEÑO		
ACTIVIDAD	METAS	PARTICIPANTES
4.1. Definición de competencias profesionales	L. Identificar y definir las competencias profesionales asociadas a cada puesto de trabajo	A definir en las fases previas
4.2. Evaluación del desempeño	M. Establecer un modelo de evaluación cuantitativo para medir con objetividad las posibilidades de mejora N. Cuantificar la diferencia entre los resultados de desempeño esperados y los logrados	A definir en las fases previas
4.3. Planificación de mejoras	O. Determinar las acciones de mejora potenciales P. Diseñar la estrategia de mejora y programar las acciones pertinentes	A definir en las fases previas

El primer paso es dar una oportunidad de escoger cómo cambiar a las personas con alguna responsabilidad relacionada con la gestión de la SST. A lo largo de un curso sobre sensibilización en SST y liderazgo eficaz, mostraremos las distintas caras de la SST y las diferentes responsabilidades, trabajando activamente con los participantes en el curso para que ellos mismos lleguen como individuos y como miembros responsables de la organización a sus propias conclusiones. Apreciarán las implicaciones de la SST en todas las áreas de la organización y de la consiguiente necesidad de gestionarla de forma sistémica. Tomarán conciencia competencias necesarias para un liderazgo de éxito en SST y se prepararán para adquirir las competencias emocionales precisas.

En segundo lugar, una vez realizada la toma de conciencia, es necesario facilitar una visión desde la gerencia para que el cambio se inicie. Ayudaremos a los directivos a que aclaren qué es lo que quieren obtener y qué es lo que implica, para garantizar que están plenamente comprometidos o al menos hay un defensor que liderará el cambio. Mediante procesos de Coaching ejecutivo identificarán los objetivos deseados y el estado actual, identificarán los metaobjetivos, expresarán y alinearán los valores, se prepararán para superar los obstáculos, potenciarán sus recursos y establecerán el Plan de Acción. Se ha de pasar por una definición gradual y sistemática de los valores que se consideran primordiales y ser asumidos por los miembros de la alta dirección, en congruencia con los suyos propios. Como premisa este proceso de Coaching tiene que estar orientado a lograr un ambiente de trabajo suficientemente estimulante para que cada trabajador saque lo que tiene de bueno, lo comparta y repercuta finalmente en la mejora de la organización.

En tercer lugar, ya con las puertas abiertas, apoyo institucional y los objetivos definidos, abordaremos el cambio propiamente dicho. Para lograr la visión colectiva necesaria para que el cambio surta efecto trabajaremos en un escenario doble: trabajaremos para que todas las personas que tengan al menos cargo de supervisor adquieran algunas competencias emocionales básicas que garanticen que se utiliza un lenguaje común, y al mismo tiempo que el resto de personal reciba unas explicaciones básicas y cierta exposición a los principios de la nueva filosofía de gestión de la SST.

En el primero de los casos el equipo de gestores y responsables de la SST pasará por un proceso de Coaching con cuatro objetivos: primero alinear los objetivos de la SST con los de la organización y sus departamentos; segundo tomar conciencia de las debilidades y fortalezas del equipo y de cada miembro, para lograr luego por un lado maximizar el desempeño del equipo y por otro sensibilizar acerca de lo valioso de la variedad en el entorno laboral y aprender que bien gestionada puede ser una herramienta de competitividad; tercero superar los obstáculos para alcanzar el objetivo, potenciando los recursos que ya tiene el equipo así como adquiriendo y desarrollando aquellos de los que aún carece; y cuarto mejorar la eficiencia de los procesos de trabajo en equipo, mediante las técnicas apropiada en cada caso para compensar convenientemente los esfuerzos hacia las relaciones y hacia las tareas, manteniendo siempre el foco en el objetivo.

En cuanto a la relación entre las acciones de formación/sensibilización y los procesos de Coaching ejecutivo y de equipos, es importante tener presente que los valores definidos y asumidos por la alta dirección deberán ser propuestos a los mandos intermedios y trasladados en cascada a los subordinados de éstos. No basta con enunciarlos, hay que promoverlos, dándoles relevancia mediante signos externos y además hay que facilitar la consecución de hábitos operativos.

Una pieza clave para asegurar la máxima eficiencia de esta estrategia es la evaluación del desempeño, que permitirá comprobar la eficacia de las acciones emprendidas y valorar objetivamente los avances realizados. Se trata de cuantificar el grado de aproximación de los comportamientos de las personas a lo esperado por la organización, previamente definidas sus necesidades en las competencias profesionales. Todo ello ha de estar expresado en términos de resultados, es decir, evidencias comprobables y contrastables. Se trata de ofrecer, como si se tratase de una auditoría, pruebas verificables de que se cumple con los requisitos previamente establecidos. Estos requisitos, resultados esperados del comportamiento de las personas en el puesto, es decir, frutos necesarios de sus acciones y actitudes, deberían ser definidos con una visión sistémica de forma que incorporen criterios de producción, de calidad, de seguridad y de salud, medioambientales, y todos aquellos que se considerasen necesarios. Lo ambicioso de la evaluación del desempeño debemos considerarlo como un verdadero reto, una escalada hacia la mejora continua. Y como tal, afrontarlo paso a paso, si es necesario comenzando sólo por las competencias de unos cuantos puestos de trabajo significativos, o incluso comenzando por algunas de las competencias más relevantes para la organización en ese momento. Tiempo habrá de incorporar las demás. Recuerda que aprendiste primero las letras y después las sílabas antes de poder formar palabras y finalmente construir las frases exactas que ahora escribes, lees y pronuncias. Una de las metas del Coaching de equipos es, por consiguiente, determinar tanto las competencias a evaluar como el propio proceso de evaluación y la explotación de los resultados del mismo a través de la programación de las mejoras.

La segunda intervención de esta tercera etapa, dirigida a todo el personal de la organización, propiciará un cambio de actitud que ayudará al compromiso con la nueva política de SST. Realizando 21 ejercicios de autocoaching las personas identificarán y contrastarán sus modelos mentales y podrán cambiarlos por otros más útiles. Los ejercicios facilitan la reflexión y el autoaprendizaje mediante sencillas prácticas que se realizan sin interferir en la jornada laboral ni en otras actividades personales; están diseñados de forma que como no consumen tiempo de otras actividades, se vencen reticencias que podrían dificultar su realización. El contenido de los ejercicios genera experiencias positivas en los individuos lo que incitarán espontáneamente una sana comunicación entre las personas útil para la mejora del clima laboral. Los ejercicios finalizan con una jornada presencial para la el debate y la puesta en común de la experiencia, lo que a su vez ayudará reforzar lo aprendido y puede servir además para detectar en la organización obstáculos para la mejora de la competitividad.

Durante el proceso hay que estar alerta para detectar sortear algunos problemas. Los principales problemas suelen ser:

- algunos implicados rechazan que los valores definidos sean los adecuados
- la inercia ralentiza y/o dificulta el cambio
- algunas personas y/o partes de la organización temen que los valores modifiquen situaciones consolidadas
- falta de motivación para vencer la pereza, puesto que cualquier novedad implica acciones desacostumbradas
- ciertas creencias limitantes que pueden llevar a pensar que nada puede modificarse

- la presión del día a día, que resta atención a nuevas propuestas y desvía la energía necesaria para acometerlas

La cuarta y última etapa sirve para valorar el avance en el proceso e identificar oportunidades de mejora. No obstante a lo anterior, y teniendo en cuenta que al menos 2/3 del éxito de las personas- y en consecuencia de las organizaciones- se debe al desarrollo de competencias emocionales, una manera rápida de determinar los avances es evaluar el desarrollo de las competencias emocionales genéricas que contribuyen al mismo. Esta evaluación se puede incorporar, si se desea, al sistema de evaluación del desempeño y de sus resultados se pueden beneficiar muchos departamentos de la organización, porque entre otras cosas es útil para:

- Detectar la eficacia de las acciones realizadas y así mejorar la eficiencia en la contratación de proveedores relacionados con la formación y el desarrollo de RRHH, ayudando a optimizar las inversiones en esta área.
- Detectar obstáculos organizacionales para el desarrollo del potencial de las personas, de los equipos y de la competitividad de la organización, lo que permitirá plantear mejoras.
- Considerar los resultados sobre el grado de logro de las distintas competencias para utilizarlo en la asignación de funciones, de responsabilidades, en el establecimiento de recompensas, en la determinación de acciones para el desarrollo del potencial de las personas
- Organizar las personas adecuadamente en grupos y equipos de trabajo para mejorar productividad

Para ello es necesario permitir a cada persona gobernar su progreso teniendo en cuenta como referentes el marco estratégico de la organización, sus objetivos profesionales y personales y atender varios frentes organizativos:

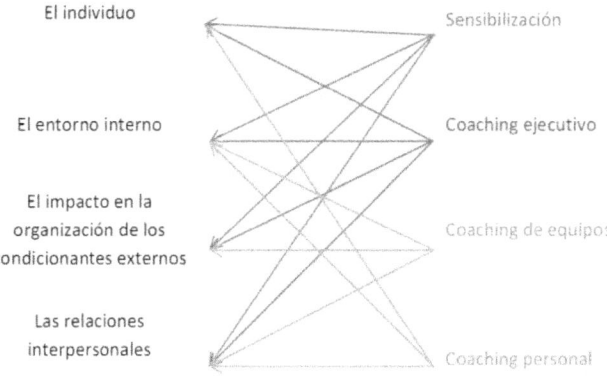

Como hemos dicho en repetidas ocasiones, la capacidad de aprender es una necesidad constante para sobrevivir y tener éxito, tanto para las personas como para las organizaciones. Una organización en aprendizaje eficaz sustenta el proceso de aprendizaje en todas sus dimensiones y anima a aprender a aprender. Podemos agrupar las cinco "disciplinas"[xix] básicas que los miembros de la organización deben practicar para que sea una organización en aprendizaje así:

A. ayudan a los individuos a desarrollar y aplicar los sistemas básicos de pensamiento y habilidades de resolución de problemas
B. permiten que los individuos aprendan sus mapas mentales, las suposiciones y las estrategias congnitivas con el fin de desarrollar la maestría sobre uno mismo
C. potencian la coordinación y el aprendizaje en equipo.

Y estos son, precisamente, los aspectos que cubre nuestra propuesta CMPRL.

En definitiva, se trata de poner en marcha un conjunto de acciones que faciliten la observación, toma de conciencia y entrenamiento necesarios para el desarrollo de uno mismo, de las habilidades interpersonales y del pensamiento sistémico, con los que adquirir hábitos de acción útiles para la organización y coherentes con sus valores. Sendas acciones de sensibilización y revisión de esquemas mentales impulsarán el cambio desde arriba y facilitarán que se realicen los cambios necesarios desde abajo. Mientras el proceso de Coaching de equipos, que trabajará el objetivo de integrar realmente la SST, generará una buena comunicación que ayudará a superar los obstáculos de aprendizaje y propiciará un clima laboral facilitando que mejore la competitividad de la organización.

CMPRL	
	Estrategia sistémica de mejora de la competitividad, que utiliza la PRL como punto de palanca para superar barreras y lograr un aprendizaje generativo en la organización, mediante un cambio de pensamiento y de acción
Objetivo:	
	Alcanzar la congruencia entre los modelos defendidos y las acciones realizadas
Estrategia:	
	Actuación sistémica: afecta a todos los niveles de la organización y todas las áreas organizativas
	Afloramiento de incoherencias entre los modelos de pensamiento y de acción defendidos y practicados
	Medición de resultados: evaluación de la mejora de habilidades y comportamientos
Técnicas y herramientas:	
	Sensibilización y demostración de compromiso
	Coaching, Metamodelo, Perfil LAB®, Niveles Lógicos
	Evaluación de competencias profesionales

13. COROLARIO

La globalización provoca una elevada competitividad en las organizaciones y en las personas que en ellas trabajan. Esta competitividad es un reto para la pervivencia que sólo algunas empresas lograrán afrontar con éxito. Una de las razones de la pérdida de competitividad en las organizaciones se produce por el deterioro de la salud de las personas, muy relacionado con los factores de estrés que son en gran medida consecuencia de esta situación.

La gestión de las organizaciones responde a modelos usados en tiempos recientes pero menos útiles en el nuevo paradigma de sociedad y de mercado. En muchos casos se mantienen los modelos de gestión autoritarios, con poca comunicación con las personas, clientes internos y externos de la organización, que son quienes poseen la información sobre las necesidades que debemos satisfacer. Se utilizan sistemas de gestión burocratizados que han remplazado su objetivo original de servir a la misión de la organización por el objetivo de mantenerse a sí mismos con la excusa de lograr una imagen exterior valorada. Esta distorsión hace que acaben siendo contraproducentes en sí mismos y que supongan una barrera organizacional para el aprendizaje necesario cuando se ambiciona la mejora continua o la adaptación para la supervivencia.

Al mismo tiempo ciertas prácticas habituales en la gestión de personas ofrecen poca ayuda a la competitividad y con frecuencia la lastran. Se necesitan otras recompensas para los directivos, para los equipos y para los individuos que trasciendan el utilitarismo de las habituales recompensas económicas y potencien otros aspectos clave del desarrollo de la persona, como el reconocimiento social, la autoestima o la autorrealización. En este sentido, se mantiene la práctica de esperar resultados excelentes de las personas o equipos a los que proveemos de un título (jefe de…, equipo de…) y proporcionamos, con suerte, una formación despersonalizada y poco orientada a la adquisición o mejora de las competencias necesarias. Estos hábitos son en muchos casos desmotivadores y proporcionan un escaso retorno de la inversión, aunque cuando se desconoce este dato difícilmente se es consciente de esta situación.

Esta inadecuada gestión de la organización y de las personas genera un clima laboral que responde deficientemente al contexto globalizado de rápidos cambios en el que viven las organizaciones, mermando su competitividad.

Para romper este bucle negativo de globalización-competitividad necesitamos encontrar opciones, elegir la más conveniente y dar los pasos para ponerla en práctica y hacerla avanzar. Como en una estampida, podemos correr alocadamente con la manada; podemos situarnos en uno de los márgenes de la manada para tener algo más de visión y de control; podemos situarnos en cabeza para adquirir perspectiva y dominio de la dirección por la que avanzamos; y también podemos salir de la manada y buscar otros caminos.

En cualquier caso, parece que mejorar nuestro control de la situación pasa por adquirir perspectiva y ser capaces de conocer cuál es la situación. Mejorar la comunicación para evitar nubes de polvo y percibir con la mejor claridad posible la situación en que nos encontramos, es indispensable para avanzar en la dirección correcta. Con perspectiva y con información adecuada tendremos al alcance mayores posibilidades de superar las dificultades y alcanzar el éxito. Ahora cada cual puede decidir el camino que quiere seguir.

Los sistemas de gestión documentados deben ante todo responder al pragmatismo que impulsó su nacimiento y servir de forma integrada para la monitorización y la mejora continua. La única forma de mejorar es enfocarnos en el futuro que queremos y utilizar los errores para obtener la información que nos permita aprender y adaptar nuestros comportamientos a nuestra misión, comprometiéndose el individuo con el bien del colectivo en un marco de valores comunes y creencias potenciadoras.

Se necesita adquirir ciertas competencias emocionales para desarrollar la perspectiva, la conciencia y los valores que permitan elegir de entre las opciones la más deseable y así conducir nuestro comportamiento de forma que sirva para integrar nuestros beneficios individuales en los de un colectivo mayor; éste es un método eficaz. En este sentido la formación tradicional es ineficaz porque desatiende los cambios en las creencias y competencias emocionales necesarios en este proceso. Es conveniente utilizar otras herramientas que ayuden a que cada cual tome conciencia de cómo piensa, siente y hace las cosas, así como de los efectos que eso produce, porque así podrá tomar las decisiones que le ayudarán a avanzar hacia su felicidad en ese contexto. Este aprendizaje generador facilita un crecimiento que le permite tomar decisiones más útiles y es asimismo liberador porque supone aprender a aprender eliminando en gran medida la dependencia del formador y por eso mismo es además eficiente.

Para generar un clima adecuado se necesita que líderes auténticos muestren a la organización el camino, demostrando un honesto compromiso a través de sus acciones. La confianza y seguridad que esta ejemplaridad insuflará a los individuos les alentará para que decidan participar en su desarrollo. Irrigar estos cambios demostrando a las personas, a través de su propia experiencia, que pensar de otra forma es posible además de saludable y útil, ayudará a que este clima productivo crezca.

Esta ejemplaridad proporcionará confianza y seguridad en los individuos afectando a su forma de pensar, de manera que comprendan los cambios y decidan participar en su desarrollo; les insuflará el aliento para que decidan hacer lo que tienen que hacer, en beneficio propio y de la organización. De esta manera se abona el terreno para que a través de los equipos y también de las personas se extiendan los aprendizajes transformadores que necesita una organización eficiente y competitiva.

Un punto de palanca eficaz para este avance ha de ser aquel que, por sus implicaciones en toda la organización, sea útil para una variedad de metas y facilite la implicación de una variedad de áreas organizativas y una generalidad de personas. La Seguridad y Salud en el Trabajo cumple con estos requisitos y además encarna en sí misma valores compartidos por personas y organización.

Para que la estrategia sea más eficaz es muy útil realizar una acción llamativa inicial como primera demostración del compromiso de la organización así como implicar a equipos de trabajo y a trabajadores individuales. Y además es imprescindible que se involucren todos los estratos de la organización. Ahora, en este sentido, CMPRL pone al alcance un método que proporcionará eficientemente más oportunidades de éxito, facilitando la integración real de la SST en la organización, y la mejora de la competitividad.

ANEXO 1
COMPETENCIAS PROFESIONALES DEL TÉCNICO EN SST

Conceptualmente la competencia profesional es el producto de los conocimientos, habilidades y actitudes que componen el comportamiento requerido para desempeñar las tareas propias del puesto de trabajo. Técnicamente una competencia profesional se define por la suma de competencias genéricas y técnicas necesarias para desempeñar las tareas del puesto.

Entre la variedad de utilidades de las competencias profesionales está la evaluación del desempeño en el puesto, que a su vez se puede utilizar para detectar primero y proporcionar luego las oportunidades de desarrollo del talento en las personas, lo que producirá una mejora en los resultados de la organización.

Conceptualmente la competencia profesional es el producto de los conocimientos, habilidades y actitudes que componen el comportamiento requerido para desempeñar las tareas propias del puesto de trabajo.

Técnicamente una competencia profesional se define por la suma de competencias genéricas y específica (denominadas también c. técnicas) necesarias para desempeñar las tareas del puesto, se organiza conforme a una estructura determinada y se expresa siguiendo una norma gramatical y léxica concreta. De esta forma se facilita la objetividad en los procesos de evaluación.

Cada competencia profesional (descripción competencial del puesto de trabajo) se divide en unidades de competencia (UC). La unidad de competencia se subdivide en realizaciones profesionales (RP), que describen los comportamientos esperados de la persona, objetivables por sus consecuencias o resultados, para poderla considerar competente en esa unidad. Con el fin de evaluar estos comportamientos, se definen para sus criterios de realización (CR), que expresan el nivel aceptable de la realización profesional para satisfacer los objetivos de las organizaciones productivas y, por tanto, constituyen una guía para la evaluación de la competencia profesional.

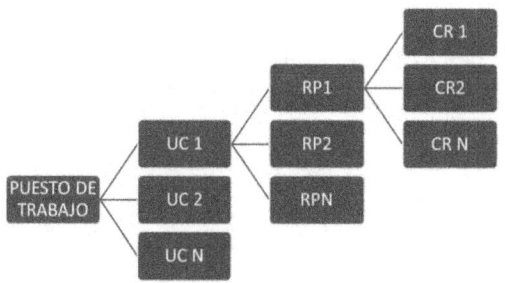

22 Estructura básica de una competencia profesional

Las competencias genéricas que proponemos a continuación proceden de la adaptación de las competencias emocionales identificadas por Daniel Golemanxx. Hemos realizado ligeras modificaciones con el fin de expresarlas con los parámetros académicos actuales para la definición de competencias profesionales.

Por su parte, en las competencias técnicas hemos identificado dos unidades de competencia que se corresponden con las necesidades actuales en las organizaciones y están relacionadas por un lado con la gestión de la SST y por otro con la comunicación y formación. El hecho de que alineemos ambas cuestiones en el mismo nivel de importancia, se debe a dos factores. Un tiene que ver con el actual estado de evolución de los sistemas de gestión en las organizaciones y otro con el actual estado de desarrollo formal de las habilidades de formación.

La primera cuestión supone que para lograr la plena integración de la SST en las organizaciones hace realizar una labor de comunicación y formación continuada, paciente y eficaz a todos los niveles. Probablemente, con el paso del tiempo y el desarrollo de las organizaciones, esta faceta reduzca su importancia, y descienda desde la categoría de unidad de competencia hasta la de realización profesional.

La segunda cuestión supone que, en general las acciones de comunicación y formación se llevan a cabo sin los conocimientos y habilidades necesarios, lo que produce resultados pobres. Con esta consideración, y teniendo además en cuenta la trascendencia de la formación y la comunicación que se ha explicado antes, puede ser conveniente fijar unos criterios mínimos de desempeño exigibles para estas tareas.

COMPETENCIA GENERAL DEL PUESTO

> Integrar eficientemente la seguridad y salud en el trabajo en el desempeño de la organización a través de la alineación de los valores preventivos con el resto de valores de la organización e integrando efectivamente los sistemas de gestión, de forma que se produzcan conciencia, actitudes y comportamientos que, a través de la mejora de las condiciones laborales del contexto, interpersonales e intrapersonales, minimice los daños a la salud, potencie la satisfacción de las personas y colabore a la mejora de la competitividad.

COMPETENCIAS GENÉRICAS

UC1. CONCIENCIA DE UNO MISMO: capacidad de saber lo que estamos sintiendo en un determinado momento y de utilizar nuestras preferencias para guiar la toma de decisiones basada en una evaluación realista de nuestras capacidades y en una sensación bien asentada de confianza en nosotros mismos

RP4. TENER COMPETENCIA EMOCIONAL: reconocer emociones propias y sus efectos

CR1. Sabe qué emociones está sintiendo y por qué

CR2. Comprende los vínculos existentes entre sus sentimientos, sus pensamientos, sus palabras y sus acciones

CR3. Conoce el modo que sus sentimientos influyen sobre su rendimiento

CR4. Tiene un conocimiento básico de sus valores y de sus objetivos

RP5. RP: VALORARSE UNO MISMO ADECUADAMENTE: conocer los recursos, capacidades y limitaciones internas de uno mismo

CR1. Demuestra que es consciente de sus puntos fuertes y sus debilidades

CR2. Evidencia que reflexiona y es capaz de prender de la experiencia

CR3. Se muestra sensible al aprendizaje sincero de la experiencia, a los nuevos puntos de vista, a la formación continua y al desarrollo de sí mismo

CR4. Demuestra un sentido del humor que le ayuda a tomar distancia de sí mismo

RP6. CONFIAR EN UNO MISMO: tener una sensación muy clara del valor y de las capacidades de uno mismo

CR1. Manifiesta confianza en sí mismo y pose "presencia"

CR2. Demuestra que puede expresar puntos de vista impopulares y defender sin apoyo de nadie lo que considera correcto

CR3. Demuestra que es emprendedor y capaz de asumir decisiones importantes a pesar de la incertidumbre y las presiones

UC2. AUTORREGULACIÓN: manejar nuestras emociones para que faciliten la tarea que estemos llevando a cabo y no interfieran con ella; ser conscientes y demorar la gratificación en nuestra búsqueda de objetivos; ser capaces de recuperarnos prontamente del estrés emocional

RP4. TENER AUTOCONTROL: mantener bajo control las emociones e impulsos conflictivos

CR1. Gobierna sus sentimientos impulsivos y sus emociones conflictivas para evitar que perjudiquen al resultado de sus acciones y a sí mismo

CR2. Permanece equilibrado, positivo e imperturbable aún en los momentos más críticos

CR3. Piensa con claridad y permanece concentrado a pesar de las presiones

RP5. SER CONFIABILE E INTEGRO: ser íntegro y ser responsable

CR1. Demuestra que cumple sus compromisos y sus promesas

CR2. Demuestra que se responsabiliza de sus objetivos

CR3. Realiza su trabajo y se comporta de forma organizada y cuidadosa

CR4. Su comportamiento es ético e irreprochable

CR5. Su honradez y sinceridad proporcionan confianza a los demás

CR6. Admite sus propios errores y no dejar de señalar las acciones poco éticas de los demás

CR7. Adopta posturas firmes y fundamentadas en sus principios aunque resulten impopulares

RP6. TENER UN ESPÍRITU INNOVADOR y UNA ACTITUD ADAPTABLE: permanecer abierto a las ideas y los enfoques nuevos y lo suficientemente flexible como para responder rápidamente a los cambios

CR1. Busca siempre nuevas ideas de una amplia variedad de fuentes

CR2. Aporta soluciones originales a los problemas

CR3. Adopta nuevas perspectivas y asume riesgos en su planificación

CR4. Maneja adecuadamente las múltiples demandas, reorganiza prontamente las prioridades y se adapta rápidamente a los cambios

CR5. Adapta sus respuestas y tácticas a las circunstancias cambiantes

CR6. Demuestra una visión de los acontecimientos sumamente flexible

UC3. MOTIVACIÓN -lo que nos moviliza-: utilizar nuestras preferencias más profundas para encaminarnos hacia nuestros objetivos, ayudarnos a tomar iniciativas, ser más eficaces y perseverar a pesar de los contratiempos y las frustraciones que se presenten

RP5. ESTAR MOTIVADO POR EL LOGRO: poseer un impulso director para mejorar o satisfacer un modelo de excelencia

CR1. Demuestra que está orientado hacia los resultados y que posee una motivación muy fuerte para cumplir sus objetivos y sus exigencias

CR2. No vacila en afrontar objetivos desafiantes y en asumir riesgos calculados

CR3. Recaba la información necesaria para reducir la incertidumbre y descubrir formas más adecuadas de llevar a cabo las tareas en las que se halla implicado

CR4. Demuestra que aprende a mejorar su desempeño

RP6. ESTAR COMPROMETIDO: sintonizar con los objetivos de un grupo o de una organización

CR1. Demuestra que está dispuesto a sacrificarse en aras del objetivo superior de la organización

CR2. Demuestra que encuentra sentido en su subordinación a una misión más elevada

CR3. Recurre a los valores esenciales del grupo para clarificar las alternativas y tomar las decisiones adecuadas

CR4. Busca activamente oportunidades para cumplir la misión del grupo

RP7. TENER INICIATIVA: tener previsión

CR1. Demuestra que está dispuesto a aprovechar las oportunidades

CR2. Persigue los objetivos más allá de lo que se requiere o se espera de él

CR3. Se salta sin dudar las rutinas habituales cuando sea necesario para llevar a cabo el trabajo

CR4. Moviliza a otros a emprender esfuerzos desacostumbrados

RP8. TENER OPTIMISMO: tener persistencia

CR1. Insiste en conseguir sus objetivos a pesar de los obstáculos y contratiempos que se presenten

CR2. Opera más desde la expectativa del éxito que desde el miedo al fracaso

CR3. Demuestra que considera que los contratiempos se deben más a circunstancias controlables que a fallos personales

UC4. TENER EMPATÍA: darse cuenta de lo que están sintiendo las personas, ser capaces de ponerse en su lugar y cultivar las relación y el ajuste con una amplia diversidad de personas

RP6. COMPRENDER A LOS DEMÁS: percibir los sentimientos y puntos de vista de los demás e interesarse activamente por sus preocupaciones

CR1. Permanece atento a las señales emocionales y escucha bien

CR2. Demuestra que es sensible y comprende los puntos de vista de los demás

CR3. Ayuda a los demás basándose en la comprensión de sus necesidades y sentimientos

RP7. PROPICIAR DESARROLLO DE LOS DEMÁS: darse cuenta de las necesidades del desarrollo de los demás y ayudarles a fomentar sus habilidades

CR1. Demuestra que sabe reconocer y recompensar la fortaleza, los logros y el desarrollo de los demás

CR2. Proporciona un feedback útil e identifica las necesidades del desarrollo de los demás

CR3. Tutela a los demás, dedica parte de su tiempo a la formación y la asignación de tareas que ponen a prueba y alientan al máximo las habilidades de éstos

RP8. TENER ORIENTACIÓN HACIA EL SERVICIO: anticiparse, reconocer y satisfacer las necesidades del cliente

CR1. Demuestra que comprende las necesidades de sus clientes y trata de satisfacerlas con sus productos o servicios

CR2. Busca el modo de aumentar la satisfacción y fidelidad de sus clientes

CR3. Brinda desinteresadamente la ayuda necesaria

CR4. Demuestra que asume el punto de vista de sus clientes, actuando como una especie de asesor en quien se puede confiar

RP9. MOSTRAR APROVECHAMIENTO DE LA DIVERSIDAD: cultivar las oportunidades que nos brindan las diferentes personas

CR1. Demuestra respeto y se relaciona bien con individuos procedentes de diferentes sustratos

CR2. Evidencia que comprende diferentes visiones del mundo y que es sensible a las diferencias existentes entre los grupos

CR3. Considera la diversidad como una oportunidad creando un ambiente en el que puedan desarrollarse personas de sustratos muy diferentes

CR4. Demuestra que afronta los prejuicios y la intolerancia

RP10. TENER CONCIENCIA POLÍTICA: cobrar conciencia de las corrientes sociales y políticas subterráneas

CR1. Demuestra que advierte con facilidad las relaciones clave del poder

CR2. Demuestra que percibe claramente las redes sociales más importantes

CR3. Demuestra que comprender las fuerzas que modelan el punto de vista y las actuaciones de los consumidores, los clientes y los competidores

CR4. Interpreta adecuadamente tanto la realidad externa como la realidad interna de una organización

UC5. TENER HABILIDADES SOCIALES: manejar bien las emociones en las relaciones, interpretando adecuadamente las situaciones y las redes sociales; interactuar fluidamente; utilizar estas habilidades para persuadir, dirigir, negociar y resolver disputas; cooperar y trabajar en equipo

RP9. TENER INFLUENCIA: poseer herramientas eficaces de persuasión

CR1. Evidencia que es muy persuasivo

CR2. Recurre a presentaciones muy precisas para captar la atención de su auditorio

CR3. Utiliza estrategias indirectas para recabar el consenso y el apoyo de los demás

CR4. Orquesta adecuadamente los hechos más sobresalientes para exponer más eficazmente sus opiniones

RP10. SER COMUNICADOR: escuchar abiertamente y mandar mensajes convincentes

CR1. Demuestra que sabe dar y recibir, captar las señales emocionales y sintonizar con su mensaje

CR2. Aborda abiertamente las cuestiones difíciles

CR3. Escucha bien, busca la comprensión mutua y no tiene problemas en compartir la información de que dispone

CR4. Alienta la comunicación sincera y permanece abierto tanto a las buenas noticias como a las malas

RP11. SER RESOLUTIVO EN LOS CONFLICTOS: ser capaz de negociar y resolver desacuerdos

CR1. Maneja a las personas difíciles y las situaciones tensas con diplomacia y tacto

CR2. Reconoce los posibles conflictos, saca a la luz los desacuerdos y fomenta la desescalada de la tensión

CR3. Alienta el debate y la discusión abierta

CR4. Busca el modo de llegar a soluciones que satisfagan planamente a todos los implicados

RP12. EJERCER LIDERAZGO: inspirar y guiar a los individuos o a los grupos

CR1. Articula y estimula el entusiasmo por las perspectivas y los objetivos compartidos

CR2. Demuestra que sabe tomar decisiones independientemente de su posición, cuando resulta necesario

CR3. Demuestra que es capaz de guiar el desempeño de los demás

CR4. Lidera con el ejemplo

RP13. CATALIZAR EL CAMBIO: iniciar o controlar el cambio

CR1. Demuestra que reconoce la necesidad de cambiar y eliminar barreras

CR2. Desafía el statu quo y reconocer la necesidad del cambio

CR3. Promueve el cambio y consigue que otros hagan lo mismo

CR4. Modela el cambio de los demás

RP14. RP: ESTABLECER VÍNCULOS: forjar relaciones instrumentales

CR1. Cultiva y mantiene amplias redes informales

CR2. Crea relaciones mutuamente provechosas

CR3. Establece y mantiene el rapport

CR4. Crea y consolida la amistad personal con las personas de su entorno laboral

RP15. RP: COLABORAR Y COOPERAR: trabajar con los demás en la consecución de objetivos compartidos

CR1. Equilibra el centramiento en la tarea con la atención a las relaciones

CR2. Colabora y comparte planes, información y recursos

CR3. Promueve un clima de amistad y cooperación

CR4. Busca y alienta las oportunidades de colaboración

RP16. RP: MOSTRAR HABILIDADES DE EQUIPO: ser capaz de crear de una sinergia laboral enfocada hacia la consecución de objetivos colectivos

CR1. Alienta cualidades grupales como el respeto, la disponibilidad y la cooperación

CR2. Despierta la participación y el entusiasmo

CR3. Consolida la identidad grupal, el *espirit de corps* y el compromiso

CR4. Cuida al grupo y su reputación, y comparte los méritos

COMPETENCIAS ESPECÍFICAS

UC6. Proponer, desarrollar, implantar, controlar y realizar el seguimiento de la política de PRL de la organización así como transmitir los valores y objetivos de la organización en materia de seguridad y salud en el trabajo de forma que se genere una actitud y sinergia positivas, proactiva y enriquecedora

RP4. Analizar y elaborar estudios e informes técnicos en el ámbito de la seguridad y salud laborales

CR1. Realiza, utilizando las técnicas específicas adecuadas, la identificación de las causas de los daños a la salud (potenciales o reales), evaluación, propuesta y planeación de medidas preventivas y la evaluación su eficacia

CR2. Establece los procedimientos operativos y definir los criterios técnicos que permitan un mejor control y supervisión de los riesgos laborales

CR3. Realiza el seguimiento de indicadores para conocer la evolución de la eficiencia de las medidas preventivas y proponer acciones de mejora

CR4. Elabora la Memoria Anual, los informes de auditoría, los planes de autoprotección de instalaciones, informes de investigación de accidentes, el contenido de las acciones formativas y otros documentos e informes técnicos necesarios

CR5. Presta soporte técnico y asesoría en materia de seguridad y salud en el trabajo cuando sea requerido

RP5. Realizar la planificación y seguimiento de actuaciones de seguridad y salud laborales

CR1. Organiza, planifica y supervisa las tareas de los Coordinadores de Seguridad y Salud, procurando optimizar los desplazamientos y la máxima eficiencia en su trabajo

CR2. Define y planificar las acciones formativas y de sensibilización necesarias, realizar el seguimiento de su eficiencia y las propuestas de mejora correspondientes

CR3. Realiza el seguimiento de los procesos en materia de prevención en las actividades de construcción y mantenimiento, revisando y aprobando documentación cuando proceda, participando en reuniones técnicas, realizando el seguimiento documental y realizando cuantas actuaciones sean necesarias para mejorar el cumplimiento y desempeño preventivos

RP6. Realizar la interlocución y comunicación con agentes externos e internos en materia de seguridad y salud laborales

CR1. Responde a los requerimientos documentales de la inspección de trabajo o los auditores, aportando la documentación pertinente en plazo

CR2. Aporta personalmente, en comunicación personal, telefónica o por mail, la información necesaria, salvaguardando los intereses de la organización y procurando mejorar la cordialidad y fluidez de las relaciones personales

CR3. Transmite los valores y objetivos de la organización en materia de seguridad y salud en el trabajo de forma que se genere una actitud y sinergia positivas y proactivas en los receptores de la información, mediante la realización de comunicaciones en cualquier soporte y canal de comunicación

CR4. Participar en foros sectoriales y técnicos para actualizar conocimientos y facilitar el aprendizaje que permitan la mejora continua

UC7. Realizar acciones de formación y comunicación eficaces, mediante actividades didácticas que expongan los mapas cognitivos y los conecten con las experiencias de referencia adecuadas que contengan los valores subyacentes a la conducta deseada, para que bien las personas modifiquen los resultados de sus acciones o bien produzcan nuevos resultados.

RP4. Planificar las acciones formativas y de comunicación especificando lo que se quiere, cómo se va a lograr y el resultado esperado en términos de desempeño

CR1. Especifica objetivos separadamente para el presentador y para el alumno, paralelos en cuanto a la tarea (mapas cognitivos y experiencias de referencia) y a las relaciones, de manera que se cree una experiencia intensa de aprendizaje para los alumnos que produzca las pruebas del aprendizaje en forma de respuestas a las preguntas, reacciones no verbales e interacciones mutuas que se persiguen

CR2. Define cómo se lograrán los objetivos, asegurando que el progreso es verificable objetivamente a lo largo de la acción de comunicación/formación, estableciendo marcos temporales e indicadores del progreso y asegurándose de que el proceso puede ser iniciado y mantenido por la persona o el grupo idóneos

CR3. Prevé los resultados de desempeño como como consecuencia de las nuevas conductas esperables, definiendo los contextos en que serán operativas o problemáticas, así como asegurándose de que son sistémicamente saludables y preservando cualquier sub-producto positivo del actual modo de funcionar

CR4. Prepara la sala o lugar de formación considerando el objetivo y los temas a tratar, determinando la relación geográfica (colocación o ubicación) de los miembros del público más apropiada con el fin de influir en las dinámicas interactivas del grupo y adecuando otros factores contextuales (luz, temperatura, ventilación...) para que se genere un clima apropiado que facilite el aprendizaje

RP5. Realizar las acciones formativas y de comunicación, utilizando las técnicas y habilidades necesarias para los distintos estilos de aprendizaje de forma que se favorezca la motivación y aprendizaje influyendo en la conducta del grupo y de los individuos y en sus patrones de pensamiento.

CR1. Crea un contexto que propicie el aprendizaje, equilibrando adecuadamente la atención a las relaciones entre los miembros de público con la atención a la tarea formativa

CR2. Secuencia y combina adecuadamente la metodología y las estrategias de comunicación en los distintos niveles de aprendizaje (qué hacer, cómo hacerlo, para qué hacerlo, cómo se relaciona el aprendizaje con la identidad de las personas y grupo)

CR3. Establece continuamente resultados u objetivos explícitos y verificables y obtiene feedback respecto del su progreso, mediante señales verbales y no verbales, para adaptar y ajustar nuestra continuamente nuestra comunicación a la actitud, estado emocional y respuestas del público para alcanzar los resultados deseados

CR4. Detecta el tipo de lenguaje al lenguaje preferente del oyente, teniendo en cuenta sus canales de comunicación y representación preferentes, y utilizar el léxico apropiado para primero conectar con él y luego ampliar su comprensión

CR5. Secuencia los mensajes que se envían al público para formar el mapa de un concepto o idea y conectarlo con las experiencias de referencia y los valores subyacentes al objetivo de la formación

CR6. Cambia el punto de vista y asumir múltiples perspectivas de la situación o experiencia para enriquecer el conocimiento y facilitar la comprensión de dicha situación o experiencia

RP6. Interactuar con las personas para lograr su implicación activa en el proceso de aprendizaje de los individuos y del grupo

CR1. Acompasa a la persona usando y retroalimentando señales verbales y no verbales (gestos, tono de voz, tempo) de la otra persona para sintonizarse con ella

CR2. Mantiene una escucha activa, parafraseando y repitiendo uno entiende que han dicho su interlocutor, para reconocer que se ha escuchado a la persona y comprobar que se comprende su mapa conceptual

CR3. Rebobina lo dicho, revisando, sintetizando, resumiendo o recapitulando secuencialmente los puntos clave de una interacción para ayudar a las personas a hacer un seguimiento continuo de los temas y marcos generales, permitiéndoles anclar asociaciones entre los conceptos cognitivos clave

CR4. Estimula y gestiona la participación de las personas, venciendo las resistencias y los obstáculos a la participación y gestionando las conductas problemáticas

UC8. Hacer uso técnico de la lengua inglesa con un nivel de desempeño avanzado referido al Marco Común Europeo de Referencia para las Lenguas (MECRL)

RP4. Comprender el idioma al nivel B2 del MERCL en comprensión lectora.

CR1. Lee artículos e informes relativos a problemas contemporáneos en los que los autores adoptan posturas o puntos de vista concretos.

RP5. Manejar el idioma al nivel europeo B2 del MECRL en comprensión auditiva y expresión oral

CR1. Comprende discursos y conferencias extensos e incluso seguir líneas argumentales complejas siempre que el tema sea relativamente conocido

CR2. Demuestra que es capaz de participar en una conversación con cierta fluidez y espontaneidad, lo que posibilita la comunicación normal con hablantes nativos. Demuestra que es capaz de tomar parte activa en debates desarrollados en situaciones cotidianas explicando y defendiendo los puntos de vista propios.

CR3. Presenta descripciones claras y detalladas de una amplia serie de temas relacionados con la especialidad propia. Demuestra que sabe explicar un punto de vista sobre un tema exponiendo las ventajas y los inconvenientes de varias opciones.

RP6. Realizar una expresión escrita al nivel europeo B2 del MECRL

CR1. Demuestra que es capaz de escribir textos claros y detallados sobre una amplia serie de temas relacionados con los intereses propios. Demuestra que puede escribir redacciones o informes transmitiendo información o proponiendo motivos que apoyen o refuten un punto de vista concreto. Demuestra que sabe escribir cartas que destacan la importancia que da uno mismo a determinados hechos y experiencias.

ANEXO 2
PATRONES DE COMPORTAMIENTO Y
LENGUAJE DE INFLUENCIA DEL PERFIL
LAB®

RASGOS DE MOTIVACIÓN

Qué provoca el interés en la persona y, a la inversa, que lo desmotivará. Cada patrón se describe en el siguiente cuadro en su forma extrema

PATRÓN DE COMPORTAMIENTO			LENGUAJE
Nivel ¿La persona toma la iniciativa o espera que otros lo hagan?	Proactivo	Actúa con muy poca consideración o sin ésta. Motivado por la acción.	hazlo, lógralo, ponte en acción, ahora, acábalo, no esperes
	Reactivo	Motivado a esperar, analizar, considerar y reaccionar.	entiende, piensa sobre, analiza
Criterio Estas palabras catalogan las personas acerca de su bondad, justicia y propiedad en un contexto dado. Incitan una reacción física y emocional positiva			
Dirección ¿Está la energía motivacional de la persona centrada en metas o en evitar problemas?	Hacia	Motivadas a lograr metas. Tienen dificultad para reconocer los problemas. Son buenos para manejar prioridades alcanza, logra, obtiene, ten, consigue, incluye, logra	
	Alejarse	Se enfocan en lo que puede estar y/o está yendo mal, tienen dificultad para mantenerse enfocados en las metas.	evita, evade, no tengas, deshazte de, excluye, alejarse de
Fuente ¿La persona se mantiene motivada gracias al juicio de fuentes externas o utilizando sus propios estándares internos?	Externo	Deciden basados en sus propios estándares internos.	otras personas piensan, la retroalimentación que recibirás, la aprobación que recibirás, otros se darán cuenta, da referencias
	Interno	Necesitan retroalimentación externa para saber cómo se están desempeñando.	sólo tú puedes decidir, sabes que depende de ti, que piensas, podrías considerar, una sugerencia sobre la que debes pensar
Razón ¿La persona busca alternativas continuamente o prefiere seguir procedimientos establecidos?	Opciones	Motivados a desarrollar y crear otros procedimientos y sistemas. Tienen dificultad para seguir procedimientos establecidos.	rompe las reglas, oportunidad, elección, expansión, opciones, alternativas, posibilidades
	Procedimientos	Prefieren seguir caminos establecidos. Se paralizan cuando no tienen un procedimiento a seguir.	habla por procedimientos: primero ... después ... después de lo cual; la manera correcta, probado y verdadero, diles de los procedimientos que utilizarán
Factores de decisión ¿Cómo reacciona la persona al cambio y qué frecuencia de cambio necesita?	Igualdad	Quieren que su mundo siga igual. Provocarán un cambio cada 15 a 25 años.	igual que, en común, como siempre lo haces, como antes, sin cambio, como lo sabes
	Igualdad con Excepción	Prefieren situaciones que evolucionen despacio a medida que pasa el tiempo. Quieren un cambio importante cada 5 a 7 años.	más, mejor, menos, igual excepto, evolucionando, progreso, mejora gradual
	Diferencia	Quieren que el cambio sea constante y drástico. Cambios importantes cada 1 a 2 años.	nuevo, totalmente diferente, completamente cambiado, cambia, se mueve, único, revolucionario, completamente nuevo
	Diferencia e Igualdad con Excepción	Les gusta la evolución y la revolución. Cambios importantes en promedio cada 3 años	(ambos vocabularios servirán: igualdad con excepción y diferencia)

RASGOS DE TRABAJO La manera en que una persona maneja la información, los tipos de tareas, el ambiente que necesitan para ser más productivos y la manera en que llevan a cabo sus decisiones			
PATRÓN DE COMPORTAMIENTO			**LENGUAJE**
Alcance ¿Qué tan grande puede ser el escenario de trabajo para la persona?	Específico	Detalles y secuencias. No pueden ver el panorama global.	exacto, preciso, específico (y da muchos detalles en secuencia)
	General	Panorama global, todo el escenario. Pueden manejar detalles por cortos periodos de tiempo.	el panorama global, esencialmente, lo importante es, en general, conceptos
Dirección de la atención ¿La persona presta atención al lenguaje no verbal de otros o se atiene a su propia experiencia interna?	Propia	Se atienen a su propia experiencia. No notan el comportamiento ni el tono de voz de otros.	mantener la comunicación enfocada en el contenido
	Otros	Tienen reflejos automáticos para responder al comportamiento no verbal.	influenciada por la profundidad de las relaciones
Respuesta al estrés ¿Cómo reacciona una persona al estrés normal del ambiente de trabajo?	Sentimientos	Respuestas emocionales a niveles normales de estrés. Sentimental. No pueden llevar a cabo un trabajo de gran estrés.	empatía, feliz, intenso, emocionante, deja boquiabierto, maravilloso
	Elección	Pueden ser subjetivos y objetivos voluntariamente. Buenos para la empatía.	empatía, apropiado, tiene sentido y se siente bien
	Pensamiento	No se comportan sentimentales con niveles normales de estrés. Malos para establecer buenas relaciones y para mostrar empatía	pensamiento claro, lógica, racional, cruda realidad, hechos concluyentes, estadísticas
Estilo ¿Qué tipo de ambiente humano permite a una persona trabajar mejor?	Independiente	Sólo con toda la responsabilidad.	hazlo solo, por ti mismo, tú solo, sin interrupción, responsabilidad y control total.
	Proximidad	En control del territorio propio pero con otros alrededor	estarás a cargo, alrededor de otros, tú dirigirás, guiarás, tu responsabilidad es X, existe la Y
	Cooperativo	Junto con otros en equipo, compartiendo responsabilidades	nosotros, juntos, todos nosotros, equipo, grupo, comparte responsabilidades, háganlo juntos, vamos
Organización ¿En qué se concentra más una persona: en pensamientos y sentimientos o en tareas, ideas, sistemas o herramientas?	Persona	Centrados en sentimientos y pensamientos. Éstos se convierten en la "tarea"	Usa pronombres personales y nombres de personas, sentimientos, pensamientos, siéntete bien, personas.
	Cosa	Centrados en tareas, sistemas, ideas, y herramientas. El llevar a cabo el trabajo es lo más importante	pronombres impersonales, cosas, sistemas, proceso, tarea, trabajo, objetivo, organización, compañía.
Reglas del comportamiento ¿Tiene una persona reglas para sí misma y para otros?	Mis/Mis	Mis reglas para mí. Mis reglas para tí. Capaz de decirle a otros lo que esperan.	Ninguna palabra ni frase en particular. Puedes empatar estos patrones mientras hablas
	Mis/.	Mis reglas para mí. No me interesas tú.	Ninguna palabra ni frase en particular. Puedes empatar estos patrones mientras hablas
	No/Mis	No sé las reglas para mí. Mis reglas para ti. Típico patrón de gerencia media.	Ninguna palabra ni frase en particular. Puedes empatar estos patrones mientras hablas

RASGOS DE TRABAJO			
La manera en que una persona maneja la información, los tipos de tareas, el ambiente que necesitan para ser más productivos y la manera en que llevan a cabo sus decisiones			
PATRÓN DE COMPORTAMIENTO			LENGUAJE
	Mis/Tus	Mis reglas para mí. Tus reglas para ti. Inseguridad para decirles a otros qué hacer.	Ninguna palabra ni frase en particular. Puedes empatar estos patrones mientras hablas
Canal de convencimiento ¿Qué tipo de información necesita una persona para empezar el proceso de convencimiento acerca de algo?	Ver	Ver evidencia	(debe ver la información para convencerse)
	Oír	Presentación oral u oír algo	(debe escuchar la información para convencerse)
	Leer	Leer un reporte.	(debe leer la información para convencerse)
	Hacer	Hacer algo	(debe hacerla para convencerse)
Medio de convencimiento ¿Qué tiene que pasarle a la información o evidencia recolectada con anterioridad para hacer que una persona esté "convencida" de algo?	Número de ejemplos	Necesitan tener la información un cierto número de veces para estar convencidos	(usa su número)
	Automático	Toman una pequeña cantidad de información y se convencen inmediatamente basados en lo que extrapolan. Casi nunca cambian de parecer	asume, beneficio de la duda
	Consistente	Nunca están completamente convencidos. Cada día es un nuevo día y necesitan volver a convencerse.	pruébalo, cada vez que lo uses, diario, cada vez, consistente
	Periodo de tiempo	Necesitan recolectar información por cierto tiempo antes de convencerse	(iguala el periodo de tiempo)

NOTAS

---

[i] A lo largo del texto utilizamos los términos PRL (Prevención de Riesgos Laborales) y SST (Seguridad y Salud en el Trabajo) indistintamente, porque aunque la expresión PRL pueda estar más extendida, opinamos que el concepto de SST recoge mejor el objetivo de esta disciplina

[ii] Aunque lo habitual para referirse a la Dirección o Departamento encargado de gestionar las personas es emplear el término Recursos Humanos –RRHH-, ésto tiene cierta carga despersonalizadora, al considerar a las personas como un recurso más, porque las equipara las materias primas, las herramientas o el dinero –recursos materiales, recursos económico-financieros. Utilizar otras denominaciones del estilo Gestión y Desarrollo de Personas –GDP- actuaría a nivel inconsciente para adquirir y practicar políticas más útiles a las personas y a la organización. No obstante, mantenemos a lo largo del texto la primera acepción para facilitar la lectura.

[iii] (https://osha.europa.eu/en/topics/stress)

[iv] Elaboración propia a partir de datos manejados por Enel en el curso *Liderazgo en seguridad* (inédito).

[v] Fernández-Aguado, J. et al, J. *Patologías de las organizaciones.* LID, 2010

[vi] Cox, T., Griffiths A., Rial-González, E. *Investigación sobre el estrés relacionado con el trabajo*. Agencia Europea para la Seguridad y la Salud en Trabajo, 20

[vii] Cox, T., Griffiths A., Rial-González, E. *Investigación sobre el estrés relacionado con el trabajo*. Agencia Europea para la Seguridad y la Salud en Trabajo, 2005

[viii] VV.AA. *SOLVE: integrating health promotion into workplace OSH policies : trainer's guide.* ILO 2012

[ix] Elaboración propia a partir de datos obtenidos en Bestratén M, Poy X. y Ruiz-Escribano, Maria T. *Eficacia preventiva y excelencia empresarial.* NTP966 y 967, INSHT

[x] Villalonga, M. y Fernández-Aguado, J. *Progreso directivo y Coaching empresarial*, Ediciones Internacionales Universitarias S.A, 2005

[xi] Villalonga, M. y Fernández-Aguado, J. *Progreso directivo y Coaching empresarial*, Ediciones Internacionales Universitarias S.A, 2005

[xii] Goleman D. *La práctica de la inteligencia emocional.* Kairós, 1998

[xiii] Goleman D. *La práctica de la inteligencia emocional.* Kairós, 1998

[xiv] Goleman, D. *La práctica de la inteligencia emocional. Kairós, 1998*

[xv] Bayón, F. et al. *Coaching realmente.* Pearson Pentice Hall, 2006

[xvi] Bayón, F. et al. *Coaching realmente.* Pearson Pentice Hall, 2006

[xvii] Elaboracion propia a partid de datos obtenidos en Bayón, F. et al. *Coaching realmente.* Pearson Pentice Hall, 2006

[xviii] El anexo2 contiene una síntesis de los patrones de comportamiento y el lenguaje de influencia del Perfil LAB®

[xix] Senge, P. La quinta disciplina. Granica,1998

[xx] Goleman D. *La práctica de la inteligencia emocional*. Kairós, 1998

BIBLIOGRAFÍA

- Alastruey, Juan C. et al. *Introducción a los riesgos sociales organizativos.* OSALAN 2014
- Arenas, A. y Llacuna, J.*¿Podemos enseñar a aprender? Coaching: una herramienta eficaz para la prevención.* NTP 744, INSHT
- Argyris, C. *Conocimiento para la acción.* Granica, 1999
- Argyris, C. *Overcoming organizational defenses.* Allyn&Bacon, 1990
- Argyris, C. *Sobre el aprendizaje organizacional.* Oxford University Press, 2001
- Bandler, R. y Grinder, J. *La estructura de la magia I.* Cuatro Vientos, 1980
- Bandler, R. y Grinder, J. *La estructura de la magia II.* Cuatro Vientos, 1980
- Banerjee, A. V. y Duflo, E. *Repensar la pobreza.* Taurus 2011
- Bayón, F. et al. *Coaching realmente.* Pearson Pentice Hall, 2006
- Belbin, R. M. *Roles de equipo en el trabajo,* Belbin Associates, 1993
- Bestratén M, Poy X. y Ruiz-Escribano, Maria T. . *Eficacia preventiva y excelencia empresarial.* NTP966 y 967, INSHT
- Bestratén M. *Valores y condiciones de trabajo.* NTP947, 948 y 949, INSHT
- Blasco, A. *Las dificultades normativas para integrar la prevencióni de riesgos laborales en la empresa.* Revista APA n°185
- Cambralla, N. *Las competencias que los empleadores demandan.* http://www.nachocambralla.com/2014/06/competencias-empleadores-demandan.html
- Castejón, E. *Trabajando juntos para la prevención de riesgos.* Revista Seguridad y Salud en el Trabajo n°69, 2012
- Clutterbuck, D. *Coaching the team at work.* Nicholas Brealey International, 2007
- Cobos, D. *Evidencias bibliográficas sobre formación de trabajadores en prevención de riesgos laborales.* INSHT-Universidad Pablo de Olavide 2010
- Collins, J. *Empresas que caen y por qué otras sobreviven.* Deusto, 2011
- Cox, T., Griffiths A., Rial-González, E. *Investigación sobre el estrés relacionado con el trabajo.* Agencia Europea para la Seguridad y la Salud en Trabajo, 2005

- Díaz Leonardo, S. y García Arigüel, M. *Escuela de Desarrollo de Hábitos.* Díaz de Santos, 2008
- Dilts, R. *Coaching, herramientas para el cambio.* Urano, 2004
- Dolan, S. *Coaching por valores. Lid, 2012*
- *Éxito en la gestión de la prevención de accidentes.* FACTS n°13, Agencia Europea para la Seguridad y la Salud en el Trabajo, 2001
- Fernández, O. *Hacia un liderazgo participativo en la gestión de la PRL.* Revista Seguridad y Salud en el Trabajo n°69, 2012
- Fernández-Aguado, J. et al, J. *Patologías de las organizaciones.* LID, 2010
- Fernández-Aguado, J. y Aguilar, J. *La soledad del directivo.* LID, 2010
- Fraguela Formoso, J.A. et al. *La integración de los sistemas de gestión. Necesidad*
- *De una nueva cultura empresarial.* Revista Dyna, n°167, 2011
- Gabriel, P. y Liimatainen, M- *Mental health in the workplace: Introduction.* OIT, 2000
- Gentile, M.C. Dar voz a los valores. Proteus, 2012
- *Gestión apreciativa del Comité paritario de Seguridad y Salud.* Revista Prevención Exprés n° 43, 2009
- Gladwell, M. *Fueras de serie,* Taurus, 2009
- Gladwell, M. *La clave del éxito,* Taurus, 2000
- Goleman D. *La práctica de la inteligencia emocional.* Kairós, 1998
- Goleman, D. *Emociones destructivas.* Kairós 2003
- Gómez, Miguel A. et al. El desarrollo de la PRL a través de la implantación de la norma SGE21:2005 como sistema de gestión ética y responsabilidad social empresarial. http://www.acosomoral.org/pdf/sevilla06/0367.pdf
- Gómez, Miguel A. *PNL y estrés laboral. Técnicas de intervención en la prevención de riesgos laborales.* International Papers of Conference on Occupational Risk Prevention 2014
- *Guía de actuación inspectora para la integración de la actividad preventiva.* Inspección de Trabajo y Seguridad Social, *MTAS*
- *Guía Técnica para la Integración de la Prevención de Riesgos Laborales en el sistema general de gestión de la empresa.* INSHT
- Her Britannic Majesty's Stationery Office (2001), *Successful health & Safety management* (Health & Safety Executive)
- Herbelin, S. *Work team coaching.* Riverbank Books, 2000
- http://pds8.egloos.com/pds/200805/20/87/chris_argyris_learning.pdf
- http://ptarpp2.uitm.edu.my/silibus/actSc2.pdf
- http://revistaseguridadminera.com/gestion-seguridad/como-influye-la-cultura-organizacional-en-la-seguridad/
- http://unimetpuntokm.wordpress.com/2009/11/05/el-aprendizaje-y-la-conversion-del-conocimiento-en-las-organizaciones/

- http://www.nachocambralla.com/2014/06/competencias-empleadores-demandan.html
- Katzenbach, J. R. , Smith, D. K. *Sabiduría de los equipos*. Diaz de Santos, 1996
- Le Boterf, G. *Ingeniería de las competencias*. Gestión 2000, 2000
- *Ley 31/1995, de 8 de octubre, de Prevención de Riesgos Laborales*
- *Ley Orgánica 5/2002, de 19 de junio, de las cualificaciones y la formación*
- Lipton, B.H. *La biología de la creencia*. Palmyra, 2007
- Llacuna, J. *Programación neurolingüística (PNL): aplicaciones a la mejora de las condiciones de trabajo*. NTP 423 y 424, INSHT
- Luecke, R. y Hall, B.J. *Gestión del Desempeño*. Deusto
- Macknik, S. L. y Martínez-Conde, S. *Los engaños de la mente*. Destino, 2012
- Martinez-Losa J.F. y Bestratén M. *Desarrollo de competencias y riesgos psicosociales*. NTP 856 y 857, INSHT
- Nicolás, G. *Remando juntos*. Lidl, 2006
- O'Connor, J. and Lages, A. *How Coaching Works*. AC Black, 2007
- O'Connor, J. and Lages, A. *Coaching con PNL*. Urano, 2005
- O'Connor, J. and McDermott, I. *Introducción al pensamiento sistémico*. Urano, 1998
- O'Connor, J. and Seymour, J. *Introducción a la PNL*. Urano, 1995
- Pérez, J. *Medición y validación del desempeño organizacional como resultado de acciones de aprendizaje*. Revista Ciencias Estratégicas vol 17, n°22, 2009
- *Por qué importa el estrés en el trabajo*, Artículo de la OIT, 5 de julio de 2012 http://www.ilo.org/global/about-the-ilo/newsroom/comment-analysis/WCMS_184830/lang--es/index.htm
- R. Gofee, G. Jones. *El carácter organizacional*. Granica, 2001
- *Real Decreto 39/1997, de 19 de enero, Reglamento de los Servicios de Prevención*
- Rivas, B. *La rentabilidad de la formación*. Revista APA n° 200
- Rodriguez, C.A. *Los convenios de la OIT sobre seguridad y salud en el trabajo: una oportunidad para mejorar las condiciones y el medio ambiente de trabajo*, Centro Internacional de Formación de la OIT, 2009
- Rose Charvet, Shelle. *Words that change minds: mastering the language of influence*. Kendall/Hunt Publising Company, 1995
- Sánchez-Toledo, A., Abad, J., Balcells, G. *OHSAS 18001 ayuda a reducir accidentes*. Revista AENOR n° 273
- Senge, P. *La quinta disciplina*. Granica,1998
- Shiba S., Walden D. *Breakthorugh Management*. Confederations of Indian Industry , 2006

- Shiba S., Walden D. *Four Practical Revolutions in Management: Systems for Creating Unique Organizational Capability.* Productivity Press, 2007
- Teixidó, P. *La seguridad y la prevención como sectores clave de competitividad en la empresa.* Mutua Universal
- Teixidó, Pere. La seguridad y la prevención como sectores clave de competitividad en la empresa. Mutua Universal 2013. http://www.mutuauniversal.net/opencms/export/sites/default/common/art iculos prevencion/La Seguridad y la Prevencixn como sectores cla ve de competencia en la empresa v.ene 2013.pdf
- https://osha.europa.eu/en/topics/stress
- Teixidó, Pere. *Los efectos de los programas de reducción de siniestralidad. Tasa de retorno de la inversión en prevención.* Mutua Universal 2013. http://www.amat.es/Ficheros/15057.pdf
- *UNE-EN ISO 18002:2008, Sistemas de gestión de la seguridad y salud en el trabajo. Directrices para la implementación de OHSAS 18001:2007.* Aenor Ediciones
- *UNE-EN ISO 19011:2011 – Directrices para la auditoría de los sistemas de gestión.* Aenor Ediciones
- Vega Martínez, S. *Riesgo psicosocial: el modelo demanda-control-apoyo social (I).* NTP 603, INSHT
- Vega Ortiz, M.L. *Los sistemas de inspección de trabajo en el mundo.* OIT, 2013
- Vega, S. *Intervención psicosocial en PRL.* NTP 944 y 945, INSHT
- Villalonga, M. y Fernández-Aguado, J. *Progreso directivo y Coaching empresarial,* Ediciones Internacionales Universitarias S.A, 2005
- VV.AA, *Coaching: a global study of successful practices,* American Management Association , 2008
- VV.AA. *Condiciones de trabajo y estrés,* Trabajo, Revista de la OIT, Nº. 23, febrero de 1998
- VV.AA. *Forjadores de líderes.* LID, 2007
- VV.AA. *Formación en prevención e inteligencia emocional.* Ficha práctica, INSHT 2002
- VV.AA. *Guía Técnica "Simplificación Documental".* INSHT
- VV.AA. *III Foro ISTAS, Conclusiones,* CCOO 2002
- VV.AA. *Integración preventiva del mando intermedio,* UGT-MCA, 2008
- VV.AA. *La prevención de las enfermedades profesionales,* OIT, 2013
- VV.AA. *La valoración económico-social de los beneficios de la integración y gestión eficaz de la PRL.* GREEX, 2011
- VV.AA. *Liderazgo en la gestión de la prevención en materia de SST.* Agencia Europea para la SST, 2012
- VV.AA. *Maximizing the impact of executive coaching.* The Manchester Review 2001, volume 6
- VV.AA. *Participación de los trabajadores en la SST.* Agencia Europea para la SST, 2012

- VV.AA. *Riesgos emergentes y nuevos modelos de prevención en un mundo de trabajo en transformación*, OIT, 2010
- VV.AA. *SOLVE: integrating health promotion into workplace OSH policies : trainer's guide*. ILO 2012
- VV.AA. *Stress prevention at work checkpoints: Practical improvements for stress prevention in the workplace*. OIT, 2012
- VVAA. *Informe de investigación: El rendimiento de la prevención*. ISSA 2011
- Watanabe, Ken. *Resuélvelo*. Ediciones Urano, 2009
- Whitmore, J. *Coaching*. Paidos Empresa, 2011
- Wilson, E.O. *El origen social de las especies*. Debate, 2012

SERVICIOS PARA EMPRESAS

Realizamos consultoría, Coaching y formación para que empresas y personas venzan dificultades y logren el éxito.

Nuestra metodología rigurosa, con enorme versatilidad, lleva años demostrando su eficacia a numerosas organizaciones y personas, en una gran variedad de contextos.

Fácilmente observará cómo nuestros productos se acomodan con armonía a sus necesidades encaminándole hacia el éxito.

Consultoría
- ✓ Gestión estratégica de RRHH
- ✓ Desarrollo del talento
- ✓ Competencias profesionales
- ✓ Seguridad y Salud en Trabajo
- ✓ Auditoría de Sistemas de Gestión

Coaching
- ✓ Coaching ejecutivo
- ✓ Coaching de equipos
- ✓ Coaching vital

Formación
Cursos diseñados para que las personas incorporen las habilidades necesarias desde el primer día y en adelante.

- ✓ Comunicación en situaciones difíciles
- ✓ Lenguaje de persuasión e influencia
- ✓ Inteligencia Emocional
- ✓ Habilidades de liderazgo
- ✓ Habilidades de negociación
- ✓ Habilidades de venta para vendedores
- ✓ Técnicas eficaces de formación
- ✓ PRL
- ✓ Gestión del estrés
- ✓ Implantación de sistemas de gestión
- ✓ Auditoría de sistemas de gestión

Puede pensar primero y después decidir cómo podemos ayudarle en lo que necesita.

Escríbenos ahora: a.resino@entornoara.com

SOBRE EL AUTOR

Alberto Resino Alfonso es Ingeniero Técnico, Master en Gestión de la Prevención, Master Universitario en PRL, Auditor Jefe de OHSAS 18001 e ISO14001, Coordinador de Seguridad y Salud, Coach Internacional Certificado de Personas y Equipos, Master Practitioner en PNL y en Perfil LAB® y Socio Honorífico Fundador de OCC-Internacional.

Desde 2010 trabaja como consultor independiente en Desarrollo del Talento y en Gestión de la Seguridad y Salud en el Trabajo. Anteriormente ha ejercido distintas responsabilidades a nivel de directivo y de producción en varias organizaciones en los ámbitos de Medio Ambiente, PRL, Formación y Desarrollo de RRHH.

A lo largo de sus 20 años de carrera profesional ha colaborado en enriquecedores proyectos relacionados con las Competencias Profesionales y con la Seguridad y Salud en el Trabajo. Entre ellos destacan la definición de competencias profesionales para el INCUAL (Instituto Nacional de las Cualificaciones) y para REE (Red Eléctrica de España), la implantación del Centro de Evaluación de Competencias City&Guilds-NPTC en España y Andorra, la participación en grupos de trabajo de la Comisión Nacional de Seguridad y Salud del INSHT (Instituto Nacional de Seguridad y Salud en el Trabajo) y la formación en gestión del estrés, higiene industrial, sistemas de gestión, liderazgo en PRL, inteligencia emocional, dirección de equipos, conversaciones difíciles, negociación y ventas para una variedad de organizaciones, entre ellas D. G. Guardia Civil, UCORD (Unidad de Coordinación de los Servicios de Prevención del Ministerio de Defensa), Endesa y Repsol.

Su siguiente libro, *Liderazgo en PRL: de la seguridad a la resiliencia*, explica la cómo es la evolución de la seguridad y salud en las organizaciones, qué criterios son útiles para liderar y enseña potentes técnicas para liderar con las palabras generando el clima de seguridad necesario para aflorar las oportunidades de mejora.

www.ingramcontent.com/pod-product-compliance
Lightning Source LLC
Chambersburg PA
CBHW051451170526
45166CB00001B/199